雅克·拉康，过去与现在

对话集

〔法〕 阿兰·巴迪欧 著
伊丽莎白·鲁迪内斯科

蔡婷婷 译

商务印书馆
The Commercial Press
创于1897

Alain Badiou

Élisabeth Roudinesco

JACQUES LACAN, PASSÉ PRÉSENT

Dialogue

©Éditions du Seuil, Mars 2012

本书根据 Seuil 出版社 2012 年版译出

目 录

序　言

　　这本书虽出自一段往事，其开端要追溯至大约40年前，但却是一个契机的结果：2011年9月拉康逝世30周年纪念。我们相识已久，尽管并不分享共同的政治取向，然而基于对彼此差异的承认以及从未中断过的友谊，我们长期以来都保持着富有成效的对话。对于在弗洛伊德那里备受珍视的希腊悲剧，法国大革命及其历史，作为语言抵抗行为的诗歌，电影以及政治介入，我们都抱有兴趣。

　　2006年4月，在我们共同的朋友雅克·德里达逝世一年半之后，我们和伊夫·杜贺重聚于巴黎高师，并围绕我们的哲学家，包括阿尔都塞、福柯、萨特、康吉莱姆和德勒兹等展开了讨论。2010年3月，由埃里克·阿什曼发起的《解放报》论坛在雷恩举行，期间我们再次碰面并谈及"明日高歌"[1]："我们回忆起圣茹斯特时说，幸福的法则不存在于我们都被召集到闲置品市场这一事实中。"进一步说："在当下，保健主义和准则是灾难：它们是幸福的反面。"[2]我们不喜欢宗教狂热、科学主义、"疯狂的金钱"[3]和恣意评估，这些是放弃理性准则的症状。简而言之，我们有着共同的信念：政治介入应该与工作、严谨以及博学紧密相连。

因此，某天的一场对话自然地将我们聚在一起，它围绕拉康而展开：30年之后。从始至终我们都坚持以下说法，作为弗洛伊德思想的革新者，拉康是一位

---

[1] 在法国左派的传统中，"明日高歌"一词指的是一个新社会的到来，这个新社会的基础不是构建资本主义世界的基础：金钱、剥削、工作。这里提到的事件是《解放报》2010年在雷恩举办的论坛，围绕其主题是"我们还能继续相信迷人的明天吗？"——译者

[2] 法语中的"保健主义"一词指的是生活所有领域的全面医疗化，这一过程通常涉及到国家为了公共"健康"以及全民的福利而采取的措施。——译者

[3] 《疯狂的金钱》是阿兰·明克（Alain Minc）于1990年出版的著作。——译者

苏格拉底意义上的大师，即能够现实化主体、欲望和无意识的政治的大师。我们有这样的确信：此处所倡议的双重方法，即历史的好哲学的方法——尽管它是短暂的——应该能够使读者重新追问政治革命与主体革命之关系这一关键问题。我们已将这一确信转变为在两个时期和两个时刻的两种声音的对话：雅克·拉康，过去与现在。

第一部分，"一位大师，两次相遇"将展现一系列个人化的反思，这是对我们在1960年到1970年期间各自与拉康的关系的反思。第二部分，"对无序的思考"将通过讨论与拉康思想进展最为相关的层面，而对当代所有的宗派主义——包括共同体的理想、蒙昧主义、对愚昧的推崇——进行一次批判，因为它们不仅在精神分析领域而且在政治领域导致了对思想的贬低。

我们此时此刻愿意相信，除了我们的社会依之而执意认为的处在危机中的致命的焦虑之外，仍然存在着使新的期望成为可能的未来的描画。弗洛伊德创造了某种深刻意义上的悲剧概念，它与作为我们时代特征的"各自为政"相距甚远。为何不将这一同样以革命的名义重现的发明看成现世的新观点呢？

阿兰·巴迪欧

伊丽莎白·鲁迪内斯科

一

一位大师，两次相遇①

　　哲学杂志：作为开始，能请您两位谈谈你们各自与拉康的关系吗？在什么情况下你们与他的思想相遇？

　　伊丽莎白·鲁迪内斯科：对于我来说，精神分析的冒险始于家庭。我母亲杰妮·奥布里曾是医院的医生，她负责照料一些被遗弃的孩子。她同时也是精神分析家，她尤其是将自己在伦敦时相识的约翰·鲍尔比和安娜·弗洛伊德的临床原理介绍到了法国。

---

　　① 　此次对话的一部分刊于2011年9月第52期《哲学杂志》，题为《选择你的拉康！》。后来两位作者依据马丁·杜鲁先生的记录，对整篇文章做了复审、修改和扩展。

从1953年起，她就成为了拉康之路的一位伴随者，但她不是严格意义上的学徒，当法国精神分析学会（SFP）成立之时她也刚好伴其左右。因此，拉康在我父母离婚之后经常来我母亲和继父（Pierre Aubry）家做客。我母亲那时和拉康刚娶的妻子西尔维娅·巴塔耶是很好的朋友。

那时，我去过拉康位于古特兰古尔镇的乡间别墅："官邸"，当时我完全没想到我所熟识的这位男士竟是一位具有如此重要影响力的思想家。后来在青春期时，我对精神分析丝毫不感兴趣。我也完全无心去从事母亲如此感兴趣的事。我的梦想更多的是去写小说或者拍电影。那时我先后学习了文学和语言学，并对法国《电影手册》、新浪潮和好莱坞电影抱有浓厚的兴趣。

1966年我赴阿尔及利亚的布米尔达斯任教。同年，米歇尔·福柯的《词与物》、拉康的《文集》同时问世。多么特殊的时刻呀！始于克劳德·列维－斯特劳斯、由路易·阿尔都塞在其1965年出版的《保卫马克思》中加以深化的结构主义思潮，对于我来说是一个真正的启示。虽然我在高中时修的哲学课程很糟糕，但我最终发现了以极其非凡的方式写作的哲学家和思想家们：他们是语言的思想家。于是我欣喜地一头扎进拉康的《文集》中。由于我非常熟悉拉康所利用的结构语言学（源自索绪尔并被罗曼·雅各布森所发展），这一阅读是容易的。一个令人惊讶的场景：我记得我用一种不容置辩的方式对我母亲说，"她的"拉康是怎样的一个天才。而她回应我道："我一直以来都是这么告诉你的！"从那时候起，我们两人就开始了有时非常热烈的交流，主要是围绕能指的理论，尽管我们是以不同的方式接近这一理论的。

1968年5月以后，我放弃了写小说的计划而转向了人文科学以及哲学，在茨维坦·托多罗夫教授的指导下，取得了巴黎万森纳第八大学（如今的圣丹尼）文学硕士的学位，并且后来在那里完成了博士论文答辩。我参加了吉尔·德勒兹关于《反俄狄浦斯》的讨论班，后来，我遇到米歇尔·德·瑟托后转向了历史，他当时在精神分析系任教，该系由谢尔盖·莱凯尔于1969年创立。1972年，我认识了路易·阿尔都塞。至于拉康，我从1969年起就开始参加他在巴黎一大法学院开设的讨论班。当我母亲告诉他我对他的教学感兴趣时，他立刻就约我与他会面。在我们会面的过程中，他惊呼道："这是什么样的故事呢？为什么过了这么长时间您才来见我呢？"我告诉他我当时正在做的事：我开始在亨利·德洛伊主持的《诗歌行动》杂志社从事乔治·波利策尔作品的研究，而他坚持让我加入他于1964年创立的巴黎弗洛伊德学派（EFP），尽管当时我尚未决定进入到分析中。我接受了，可以这么说，这是与自己的命运相逢了。直到拉康去世前一年的1980年，也就是在他解散该学派之前，我一直是巴黎弗洛伊德学派的成员。

阿兰·巴迪欧：我的道路就不同了。年轻时，我是一个坚定的萨特派。1958年到1962年间，我是乌尔姆街巴黎高师哲学系的学生，在那里我认识了萨特之后我青少年期的第二位导师：路易·阿尔都塞。这是个多么矛盾的碰撞啊！当阿尔都塞建议我们脱去所有人道主义的外衣来重读马克思时，刚好是萨特从存在主义观点解读马克思之时。完全基于一个机缘巧合，我偶然看到了第一期的《精神分析》杂志，其中包括拉康著名的《罗马演讲》（他的报告题为"精神分析中言语和语言的功能和领域"，1953年）。这篇文章让我感到了真正意义上的头晕目眩——我经历了一场真正对于文本的着迷，以至于我与拉康理论的关系总是要通过他的文字作品。在最初的发现之后，我继续想办法弄到《精神分析》杂志，并在我的论文中悄悄引用了拉康。对这些引用感到十分好奇的阿尔都塞带我去了一次他当时在圣安娜医院开的讨论班。当时是1960-1961年度。紧接着在阿尔都塞的要求下，我成为了巴黎高师第一位先提交了一篇，之后又提交了两篇关于拉康思想研究报告的学生。

伊丽莎白·鲁迪内斯科：弗洛伊德呢，你也读吗？

阿兰·巴迪欧：是的！对弗洛伊德著作的系统性阅读在我就读巴黎高师第一年时就开始了。我们认为这是让我们迈向人文科学的界标之一，那时候某些人相信人文科学会以其严肃的唯物论代替哲学的唯心主义。然而，在显而易见的连续性之外，我很快感觉到存在于弗洛伊德和拉康著作之间深刻的差别，后者绝对是原创性的。

伊丽莎白·鲁迪内斯科：对拉康的阅读是如此地具有原创性，以至于对很多知识分子来说，包括我自己，这种阅读深深地影响了对弗洛伊德的阅读。我阅读拉康的著作是在阅读弗洛伊德之前，因此我对后者的阅读是"拉康式"的。尽管如此，也不应该将弗洛伊德与拉康的作品相混淆，认为弗洛伊德本来就是拉康派。

阿兰·巴迪欧：不管怎么样，在我看来，拉康立即让自己成为了知识界的重要人物，即使他只发表了几篇文章，而且还总是不那么容易找到。

伊丽莎白·鲁迪内斯科：这确实是当时拉康的情况：在1966年他的《文集》问世之前，他所有的文章散落各处。

阿兰·巴迪欧：1966年我在兰斯的高中教哲学。在当时恰好也在兰斯的弗朗索瓦·雷尼奥的撮合下，我加入了《精神分析手册》的编委会，这本拉康派马克思主义期刊是由一群比我年纪稍轻的高师学生创办的。其中除了雷尼奥，还有雅克-阿兰·米勒、让-克劳德·米尔纳、伊夫·杜贺、阿兰·格罗理查德等。我在这本杂志上发表的前两篇文章与数理逻辑紧密相关——当时我对此抱有很大的热情，现在也是一样——并且明确地提及拉康，尽管带着批判的语调，并与之保持着距离。例如，我反对他关于存在一个科学主体的观点；在这点上我仍是阿尔都塞主义者：对我来讲，科学更多的是指一个"非-主观的"过程。请记住，我们当时是处在1966、1967年。……1968年5月之后，五月风暴来临了，这是让我的生活发生了天翻地覆变化的事件，它让我在之后漫长的岁月里投身于政治思想和行动当中。

伊丽莎白·鲁迪内斯科：实际上对你来说，对拉康的阅读与一个政治切断同时发生，而对我来说，这更多的是一种结构主义的中断。

阿兰·巴迪欧：我最终见到了拉康本人。那是在1969年。我相信对于他来讲，一切都很紧急，而他因此也很迫切地想见到我。那时候我正忙于在工厂和外国人住所之中战斗，白天是联系不到我的，他始终无法通过电话跟我说上话。然而我们总算找到了一个共进午餐的时间。他试图以一种非常诱惑的方式，用那种如同你刚谈到的响亮的声音吸引我的注意，"为什么您不更早点来找我呢？"等等。尽管如此，我并不曾加入巴黎弗洛伊德学派，也没成为精神分析家，甚至也没当过分析者。我对躺椅一无所知。对我来说，拉康自始至终都是位杰出的思想家，而不是一位精神分析大师。写作永远是第一位的！因此，他在我的哲学著作中占据了相当重要的位置。从我的第一部综合著作《主体理论》（1982年）起，直到如今，他不断地出现在我的知识视野当中。

哲学杂志：您会如何描述他对哲学的贡献，以及他对您个人哲学思想的贡献？

阿兰·巴迪欧：拉康的理论成果可以被纳入到我的哲学发展当中，因为它在主体的问题上定义了一个完全特殊的位置。在60年代早期，像其他年轻的哲学家一样，我处在一个特殊的形势中。正如我所说的，当时的我是一名坚定的萨特派。然而，在阿尔都塞的帮助下，我与现象学决裂的时刻到来了，而当时萨特是其最负盛名的代表之一。为什么这个决裂不可避免呢？从胡塞尔创立现象学开始，现象学就将主体的思想转向意识哲学。它植根于生活经验，直接而原始。主体与意识及对发生于我身上之事的透明理解混淆在一起。现象学家（比如梅洛－庞蒂）给予知觉以如此的重要性并非偶然：它是存在于意识与世界之间的直接的、意向的关系的最基本经验。此外——从这个意义上说，法国现象学也继承了传统心理学——从其感觉、情感等角度，主体被理解为一种内在性。其结果是对反思自我与内向性的高度关注。

为了使被科学所支持的革命性解放的思想重获自由（当时我们时代的"共同任务"），我们需要从主体的这一反思式的、同时也是存在主义的现象学模式中抽身出来。为了抛开它，我们可以借助于人文科学、科学客观性和数理逻辑形式体系。简而言之，与现象学相反，结构主义在当时代表着一块救生板。集中在这一标签之下的不同思想之间至少存在一个共同点：它们策划了一场对传统主体概念的反抗。用阿尔都塞著名的表达说，结构主义的格局在"理论反人道主义"中完成，或者以福柯的说法在"人之死"当中完成。在这场整体的运动中，变化和转折都是可能的。某些人声称主体是一个幻象，是更为根本的一些结构在镜中的结果，这些结构是不可见的，但却能够被科学所思考。其他人通常跟随海德格尔试图表明，传统形而上学的主体只是一个老式的理想主义概念。有人提出，"主体"概念中真正的东西仅仅是一种特定形式的客体。还有一些阿尔都塞的学生，他们坚持认为主体是资本主义时代的象征性的概念，甚至是其中心范畴。最终，无论更赞成哪种方法，所有结构主义的道路都导致了对主体概念的根本批判。

拉康在这种背景下处于什么位置呢？一方面，他参与了与现象学的决裂，而且他对萨特和梅洛-庞蒂的思想都了如指掌。他投身于结构主义的星空中，不仅是因为他比其他人更多地利用了数理逻辑形式体系，而且也因为他放弃了将反思的主体置于所有经验的中心位置。在他精神分析的视角下，主体依赖于一种非反思的，而且从某些方面上来讲是超个体的结构：在拉康看来完全依赖于语言的无意识。因此，无意识的科学取代了意识的哲学。

鉴于所有这些，拉康——这是他独特立场的第二个方面——并没有像福柯这样的"强硬派"结构主义者或德里达这样的海德格尔主义者走得那么远，他们认为主体的范畴仅仅是一个已不复存在的形而上学的化身。相反，拉康想要保存这一范畴，以便从实质上对之加以革新。这是因为，对他来说，主体始终位于临床经验的核心。所以拉康在一场全面的结构主义进攻中拯救了主体。"他的"主体当然是受制于能指链的；在不为自己所知的情况下，他被分裂了，被劈开了，并暴露在一个根本性的相异性之下（被拉康命名为"大他者的辞说"）。然而对于他来说，提出一个关于主体的理论仍然是合乎逻辑的，甚至是必要的。因此，在上个世纪60到70年代期间，拉康让我在与理论反人道主义保持一致的情况下，仍然能忠实于我萨特派的青年时代以及主体的概念。基于这个理由，在我看来，他是一个极其重要的当代人。一个知道如何整合互不相干的各类材料来搭建自己理论架构的当代人。

哲学杂志：伊丽莎白·鲁迪内斯科，请问您是如何看待拉康同时颠覆了精神分析和哲学的这次革命的？

伊丽莎白·鲁迪内斯科：首先，拉康处在一个出乎意料的、时常针锋相对的两门学科的交汇处。一方面，正是他使得哲学家明白精神分析带来了一场哲学革命。而另一方面，也正是他引领着精神分析家转向了哲学。在我看来这个钟摆式的第二个运动极其重要：拉康吸收哲学的养分，他让许多哲学家参加他的讨论班，使精神分析家在其中得到提升，因为对于他来讲他们缺乏学识。

通过他的努力，精神分析家重新发现了哲学，知识分子也重新发现了精神分析，而在当时精神分析正被困在心理学和医学之间。并且，通过结构主义，那些在文学领域工作的人，比如我，也能够重新发现哲学的重要性，而这要归功于那一代的哲学家，他们同时也是对文学抱有兴趣的文体学家。我在高三的哲学课上并没有发现这点。对于我来讲，我只是在读过阿尔都塞或福柯并参加了拉康的教学之后，才真正深入到斯宾诺莎或黑格尔当中。通过结构主义者开启的通道，然后跟随皮埃尔·马切里——我对他十分感激——的课程，我才真正进入到哲学的学习中。事实上，在1966年之前——对于结构主义来说这是奇迹般的一年——那些追随拉康、并吸收了哲学养分的精神分析家与另外一些与此保持着距离、并更希望将精神分析引入到心理学领域的人之间已经出现了鸿沟。

　　我想，拉康的独特性与他人生的轨迹有关。永远不要忘了，他最初曾是名精神科医生。精神病学一直以来都比心理学更接受哲学，而心理学总是想摆脱哲学，以便成为"科学的"，尽管这是它永远也办不到的。和乔治·康吉莱姆一样，拉康从未停止过对心理学的批判，他认为它是一门伪科学，并希望由此将精神分析引向"高尚的"学科。

　　更准确地说，当拉康从1931年起向精神分析领域发展之时，法国精神病学最具活力的方向是现象学派系的。在参加亚历山大·科耶夫的课程开始学习黑格尔思想之前，拉康本人也是名现象学家。在第二次世界大战之后，他逐渐脱离了这一思想遗产，而更倾向于结构主义，通过与雅各布森和克劳德·列维-斯特劳斯的频繁接触，并通过阅读他们的著作——与当今某些拉康派精神分析家所声称的不同，后者通过否认这些人对拉康的影响而"修正"了历史，为的是将拉康塑造成只会从自身中得到启发的、自封的凤凰——转向了索绪尔。在此意义上，在精神分析界存在着众多"修正主义者"。

拉康的确曾一度着迷于海德格尔的思想，但从1957年之后就不再这样了，正如我们可从"无意识中字母的诉求或自弗洛伊德以来的理性"中看到的一样。但这并不妨碍他花时间想要寻求海德格尔本人的承认。他坚决地站在了科学的一边，即形式的客观性一边，而现象学和存在论取向的海德格尔则断言："科学不思考"。

拉康立足于精神病学，这是根本性的，而事实也符合阿兰所说，拉康在其思想中始终保留了对主体问题的哲学思考。精神病学关注的不仅仅是精神不适，它同样也处理如主体发作那样的疯狂。这种"怪异"的、人格中的裂痕的观念在拉康那里很早就已经出现，他受到了超现实主义者的启发，尤其受到萨尔瓦多·达利的启发。1932年，他的医学论文围绕的是一位疯癫的女人——玛格丽特·安佐伊（被重命名为"艾梅"个案）——随后他对帕宾姐妹的故事产生了兴趣，帕宾姐妹是两位女仆，她们在勒芒无缘无故地杀死了她们的两个老板。拉康很有技巧地向人们指出妄想狂——更可能是女性妄想狂——是一种有逻辑的疯狂，它是对正常态的模仿，并且没有任何机体或器质性的原因。它是心因性的。正是从这个意义上讲拉康对谜一般的女人们产生了兴趣，并开始探究一种超越理性边界的、绝对的享乐。

正是在这点上他与弗洛伊德有一个关键性的差别：作为精神分析的创始人，弗洛伊德主要治疗的是神经症——尽管现在我们知道他当时接待的病人饱受非常严重的病状之苦——，而拉康投身于精神病，女性疯狂，以及作为逻辑的，甚至是形式化思维系统的妄想狂当中。如果我可以这么说的话，这本身就说明了他的事业的哲学意义。我们别忘了弗洛伊德不信任哲学，他很自然地将哲学等同于一种妄想狂的辞说，也即是说，一种疯狂的逻辑。

阿兰·巴迪欧：我完全同意。用鲁莽一点的方式来讲，神经症最终是临床心理学的问题。每个人都知道这些失恋轶事、令人困扰的强迫念头、潜在的性无能，这些惊人地雷同和无聊的个人史。我一直钦佩精神分析家可以日复一日地倾听这些关于症状的陈述。这实际上是一种英雄主义。神经症多么让人厌倦啊！然而疯狂从一开始就始终困扰着哲学：这种吞没了主体的暴力的形式是什么？如何来思考从自身当中生发出的极端的相异性？对于哲学家来讲，肯定是精神病要有意思得多。

伊丽莎白·鲁迪内斯科：我不得不在此持保留意见：拉康热衷于妄想狂，然而就我而言，伟大的"哲学式疯狂"——带有双面性的疯狂（激奋和抑郁）——这个似乎是最令人着迷的、最文学的、最富创造力的疯狂依然是忧郁症。正是因为这个原因，我研究了忧郁的女人戴洛瓦涅·德·梅丽古尔，作为女权主义的先驱，她极好地体现了1789年大革命的激奋①。革命理想的陷落使她于1793年陷入了疯狂。据让－艾蒂安·埃斯基罗尔的记载，她在巴黎萨尔佩特里厄尔精神病院去世。这怎么能让我们不联想到路易·阿尔都塞的命运呢？拉康对这种疯狂没有兴趣，这点始终让我感到惊讶，尽管自从荷马和亚里士多德以来人们一直对此抱有极大的兴致。

阿兰·巴迪欧：拉康优先考量妄想狂是因为它更加系统化。这点在弗洛伊德那里早有显露：《施瑞伯个案》就是一个很显著的文本，它有着不可改变的逻辑。它给人的印象是个案可以在一种完全自足的模型中得以重建。妄想狂完美地适合于结构化分析，这就是拉康对它如此感兴趣的原因。

哲学杂志：围绕弗洛伊德与拉康各自对神经症和精神病的强调，您指出了两人之间的第一个差异。那

---

① 伊丽莎白·鲁迪内斯科：《戴洛瓦涅·德·梅丽古尔：法国大革命中的一位忧郁的女人》，色伊出版社，1989年，巴黎。——译者

我们能在治疗的理念和行为当中再次发现这个分歧吗？弗洛伊德的精神分析和拉康的精神分析之间的差别是显而易见的吗？——我们知道拉康的短时分析实践曾引起公愤，这也部分地导致了他被国际精神分析协会除名。

伊丽莎白·鲁迪内斯科：是的，这种差异在20世纪60年代一下子就变得非常明显了，尤其是在巴黎。当时正统的弗洛伊德派精神分析家是庸俗唯物主义的信徒。他们对记忆、情绪、自我、自恋障碍，以及正常和异常行为感兴趣，他们认为所有超出了最起码的临床框架的东西都是推测性的，因此是危险的：这与行为心理学已相距不远。然而，拉康在理论和实践上使摆脱这种看法成为可能，因为它强调的是语言，关注的是言说，以及处在精神分析治疗过程核心位置的切割的必要性。他没有局限，他尊重病人的职业，并且不纠结于治愈或者正常化的理想。

在这个时期，正统弗洛伊德派的精神分析家呼吁拉康的学生选择他们的阵营，并将精神分析变成一种解释性的宗教。相反，拉康表现出一种开放的思想：

比如当一位神父来找他做分析——这已经发生过很多次——他会建议他继续当神父，如果当神父是他的真实欲望的话。这是因为拉康理解精神性的本质——以及哲学的本质——所以耶稣会士尤其会对他感兴趣，尽管他是无神论者，并且完全地遵循科学辞说的严谨性。这种以干瘪的、实证主义的方式重读弗洛伊德的生物学模式，极大地阻碍了那些前来寻求治疗的宗教人士。

　　阿兰·巴迪欧：实证主义往往是一种倒置的宗教，以至于它非但没有为它所声称的科学服务，反而被意识形态的目标所奴役，而这些目标与科学自身的未来是格格不入的。鉴于此，宗教人士比科学本身更有理由害怕实证主义。没有什么能阻止我们认为上帝是热爱科学的，而并不爱实证主义的意识形态……

　　伊丽莎白·鲁迪内斯科：的确是！他们也被在弗洛伊德那里宗教与神经症的相似性所拒斥。事实上，法国的弗洛伊德派精神分析家大部分是反教权者、实证主义者，他们对知识或精神性活动几乎不持开放态度，也很少倾向于哲学的辞说。由此许多耶稣会士皈依——尽管我不太喜欢这个有着如此内涵的词——到拉康的思想当中。然而，拉康在其生命的最后几年里倾向于一种教条式的概念，即主张超短程的治疗，挫败感甚至欺诈就来自于此。极力批判诉诸情感、热衷于结和数素的形式体系的原教旨主义拉康派的危险是对病人的痛苦视而不见。一个理论越是革新性的——拉康的理论极为如此！——，它就越是可能在某个时刻跌入教条。拉康主义也不例外。

哲学杂志：阿兰·巴迪欧，拉康意义上的治疗呈现出特有的哲学意味吗？我们感到它潜在地实现了您所谈及的对主体的革新。

阿兰·巴迪欧：治疗是种行动，它既设定、同时也穿越了形式。当下讨论的这种形式是无意识的客观结构。然而在提到这些结构的时候，是治疗对它们进行切断并将之分割成部分。对于拉康来讲，精神分析的最终目的并非是"治愈"——他在这点上相当节制；精神分析需要走向某个实在的地点，在那里主体能够重新站起来并获得新生。精神分析让被称之为命运的东西转变了方向，并且重新开启了主体的能力。

我一直认为拉康本人对此的定义十分绝妙："治疗的目的是将无能为力提升为不可能。"①"不可能"指的是拉康意义上的"实在"，即永远不会被符号化的东西。因此，做分析被看作是去打破某个最初让分析者感到无能为力的局面（我背离了自己的欲望，被生存的无情和停滞给困住了），而引向某个实在的位置，在此本来陷入想象的主体能够恢复一部分自己符号化的力量。

在哲学的层面上，这个构建完全是了不起的。从形式（无意识的结构）的角度来看，行动（治疗中所发生的事情）在保持着可被理解的同时，同样也穿越了这些结构。在精神分析中会发生某件事（主体面对着一个实在的位置），但为了从理论上解释这件事，就不得不将它放在其形式的背景当中。尤其到其生命的最后几年，拉康对我来讲就是一位哲学的英雄，因为他避开了两个障碍：一方面，他脱离了平庸的决定

---

① 雅克·拉康：《精神分析的反面》（1969-1970），色伊出版社，巴黎，1991年，第191-205页。——译者

论，因为他提出在治疗中会出现令人意想不到的切断；另一方面，他非常坚决地与精神性的或宗教的教义保持距离，因为从某种意义上来说，这个切断并非是某种奇迹——它与无意识的理性形式直接相关。

伊丽莎白·鲁迪内斯科：不管是对科学主义还是对蒙昧主义，拉康都不予理睬。

阿兰·巴迪欧：没错！当前，这两个障碍带来了前所未有的威胁！它们造成了我们的局面！此外，这两个所谓对手之间的秘密结盟——狭隘的科学主义与迷信的蒙昧主义——并不是今天才产生的。这就是为什么我们如此需要拉康。无论如何，就我而言，在这个问题上我是彻头彻尾的拉康派。为了思考真理是什么，我需要找到某物所是的形式和某物与这种形式发生断裂所共存的地方。我的工作是寻找一个形式体系，以便能够去思考在形式的语境下做一个有效切断的可能性。承认这一不可预见的实在——我称之为事件——的既不是决定论（当今的行为主义是其在临床中的化身）也不是新宗教视野（其中涉及到当今的某种现象学），而是激进的唯物主义。抱着这份野心，我用自己的方式追随着拉康的脚步。

哲学杂志：阿兰·巴迪欧，尽管您在哲学上对精神分析感兴趣，但您自己从未接受过精神分析治疗，是吗？

阿兰·巴迪欧：是的。这种经历对我来说是完全陌生的，尽管我周围的人很多都做过精神分析。用一个大的词来讲的话，我的"解放"经历了政治行动主义、爱情的发现、戏剧与小说的写作以及对数学形式体系的兴趣，所有这些都最终汇集在哲学中。我觉得没有必要通过做分析来重复这些经历。我和拉康一样相信并且始终认为人们只有在受到症状的影响，症状给生活带来了太多的无力感和痛苦的时候，才需要去做精神分析的治疗。如果痛苦是可以忍受的，或者可以说是正常的，那么进行分析的唯一理由就是希望自己能成为一位分析家。就我而言，积极地参与了严密的政治逻辑，促进了多重形式的哲学的符号化，大体上过得很愉快，我认为我完全可以不用做分析。

伊丽莎白·鲁迪内斯科：对我来说，在进入精神分析训练过程之前我是犹豫过的。我不很确定自己是否想成为全职的精神分析家。此外，我当时过得很好，并未出现任何病理症状。但对于一位精神分析家的女儿来说，这条路几乎是必须的。最后我开始在奥克塔夫·曼诺尼那里接受个人分析，继而又接受让·克拉夫勒尔的督导，那是个非常经典的弗洛伊德式的精神分析，每次45分钟，督导也同样是如此。实际上，我喜欢拉康派的地方在于，他们始终仍是弗洛伊德派，只是在其实践和临床中融入了拉康创新的部分，就像我的母亲那样。我从未走上过拉康的某些追随者所实践的将神经症精神病化的道路。其他许多人都跟我一样，我必须说这是一次非凡的经历。今天，哎，精神分析常常已不再是一场智力上的冒险、旅行、追寻或启蒙了。在此意义上，我由另外的途径到达与阿兰相同的地方：每个所谓"治疗性的"疗法都类似于一种"教学式的"训练。

如今，我们只有在"需要"的时候才做分析。但治疗是对自身的一次动人的跨越，而不是目标在于"有效性"的功利服务，尽管成功治疗的概念的确存在。当治疗被一位有才智的临床医生很好地实施时，它会带来相比于其它实践，尤其是政治的实践更多的清晰性。

哲学杂志：正好，让我们来谈谈政治吧。拉康的思想在您看来存在着政治的层面吗？由于他本人禁止对他的教学做任何意识形态或党派的恢复，这就更是个问题了。

阿兰·巴迪欧：对我来说，拉康的精神分析处在一个重要的政治背景下。我们重新找到了治疗的深刻含义，正如我刚提及的那样，它的目的在于打破最初处在无力感当中的主体的封闭状态。而这个过程有可能会引入一个集体的维度。就我而言，当生活被某种情势所阻碍而变得不可能时，政治的领域对应的正是让生活在多种可能性当中去获得解放；压迫总是被定义为使个人及集体的能力丧失。从这个观点来看，拉康派的治疗尽管就其本身的实践来说完全是非政治的，但却给思想提供了一种政治的模板。我认为在拉康的思想和带有革命性的进程之间有着连续性，它重新开启了陷在重复当中或被国家压迫所阻碍的集体的可用性。

哲学杂志：此外，拉康还曾将自己认作"精神分析界的列宁"……

阿兰·巴迪欧：正是如此！我本人很愿意接受这种说法。拉康将自己比作列宁，而把弗洛伊德比作马克思。通过这些有点隐喻性的关联，他想强调的是，弗洛伊德仍然处于治愈的医学逻辑当中，而马克思处在许诺的境遇。然而，列宁不再许诺共产主义：他决定，他行动，他组织。而拉康自己也不再像弗洛伊德那样追求治愈。他激烈地反对从适应性角度看待精神分析的看法，这一看法满足于训练人类动物让他能顺应自身所在的社会环境，使其转变成为受主导价值观所支配的动物，而将不再能忍受由不相符、过多的独特性所带来的精神痛苦。对于拉康来说，精神分析的问题要根本得多。它是一种解放的途径，尽管以明显是非政治化的外表出现。在这一关于治疗的看法之下，拉康对于年轻人来说就是从1968到1980年间我们总动员的操盘手之一，尽管他本人并不这样看。1968年5月时我曾这样剖析：我在其中看到了一个事件，就像在治疗中直面实在一样，它让一种崭新的自由得以重新部署，在当时，一个激进的左派正为了地区性解放而致力于对抗不平等的资本主义机器。我们知道，拉康很明显对此热情不高……

　　伊丽莎白·鲁迪内斯科：这样讲太轻了！对他来说，1968年5月的运动是个骗人的运动，它所表达的并非一般意义上的自由的意愿，相反，它表达的是反叛者对于更为残忍的奴役的无意识欲望。

　　阿兰·巴迪欧："你们作为革命者所渴望的是一位大师。"[1]当他在万森纳大学讲出这句名言时，良药苦口！但毕竟，黑格尔也不欣赏他的弟子马克思的无产阶级革命主义！拉康去世之后，我也曾写道他就是我们的黑格尔。当一位大师发现他的弟子将他的思想引向一个不属于自己的方向时，就证明了他的思想是有生命力的。

　　伊丽莎白·鲁迪内斯科：说到底，拉康认为真正的革命，唯一可取的革命，是弗洛伊德的精神分析。对他来说，左派动乱只会导致专制主义的复兴。

---

　　①　雅克·拉康：《精神分析的反面》(1969-1970)，第239页。

除了1968年5月事件之外，关于拉康与政治的关系问题还需要回顾一些事实。他来自一个右翼的天主教家庭：代表着旧法国当时令人憎恶的沙文主义和偏狭的风气。他与生俱来地排斥自己的出身，这种自然倾向将他引向了中左翼，当时由皮埃尔·孟戴斯·弗朗斯等政治人物所代表，在新闻界主要靠《快报》进行宣传。这就为他招来了右翼的强烈不满。但在公开场合，拉康一辈子都让人琢磨不透[1]。他从未像萨特那样实际参与过政治。他只签过一份请愿书。他刻意地与他那个时代最激烈的斗争保持距离，他也没有参加过二战时期的抵抗运动，甚至不能确定他是否算是个反殖民主义的战士，尽管他对种族主义抱有强烈的反感。然而，在西尔维娅和乔治·巴塔耶的女儿劳伦斯·巴塔耶与她的表弟迭戈·马森加入到民族解放阵线[2]之后，他通过支持他们而一路跟随了当时的非殖

---

[1]　原文为"un Sphinx"（斯芬克斯），译文为法语引申义，常常用来指政界中深藏不露的、冷峻神秘的人物。——译者

[2]　民族解放阵线简称FLN（Front de Libération Nationale），当时领导阿尔及利亚反殖民斗争的组织。——译者

民化进程。1960年5月，当劳伦斯·巴塔耶被逮捕并随后被监禁在罗克特监狱时，他送给她了《精神分析的伦理学》讨论班的部分打字文稿，尤其是当中专门讨论安提戈涅的几页。

然而，这种不积极参与并不妨碍他密切地关注当代政治，理解处在法国文化生活中心的各种运动。比如，他明白天主教会在当时代表着一股主要的政治力量，于是在1953年时他希望见教皇。同年，他将自己的《罗马报告》交给了当时法国共产党领导人莫里斯·多列士。他本人不是共产党人，远不是，但因为我是——我1971年入党，直到1979年——，他经常向我打听党内的动向和争论。去斯大林化时期开始于那时，拉康密切关注着它。在当时的教会和共产党中间，他都发现了自己所推动的运动的潜在生力军。而作为分析家，他没有拒绝任何人。发生过这样的情况，他不得不去接待和保护有着各色背景的人物，有时是名声不好的人，有时甚至是不法分子。而我相信通过这样做——我并不是唯一的一个在他面前质疑他这种荒唐的支持行为的人——他让他的一些病人和我这一代的学生避免陷入极端主义。拉康当时曾是抵制在德国和意大利猖獗横行的恐怖主义的真正堡垒。实际上，他知道如何通过只去信赖精神分析的实践、并坚决地拒绝政治性的拉拢来抵消这些渴望。他通过保持这样的姿态来担当着符号的护墙：你们跟我来吧，这比闹革命或极端激进主义更好。是的，的确，某些极左分子，尤其是某些毛主义者，声称要追随他。但是，尽管拉康对毛泽东这位时代伟人很着迷，但他对毛泽东主义却没有好感，恰恰相反。当我时不时地看到说他是毛主义者时，我非常吃惊……而值得注意的是，拉康派的毛主义者不少人最终转向了右翼自由主义。

哲学杂志：不过阿兰·巴迪欧，这难道不是您对自己的定义吗？

阿兰·巴迪欧：当今，我们只能说毛泽东属于伟大革命史的一个部分，就如同罗伯斯庇尔、圣茹斯特、布朗基、托洛茨基、列宁以及其他许多人一样。然而，有必要解释为什么大多数上个世纪60年代的拉康派的年轻知识分子到70年代之后成为了毛主义者。

奇怪的偶然吗？当然不是！这是由于拉康的主体概念，对这一概念，通过哲学来赋予它一个颠覆性的政治维度如果不是必要的，也是完全符合逻辑的。对我们来讲，从说"在欲望上要毫不让步"的拉康过渡到说"造反有理"的毛泽东是显而易见的。

伊丽莎白·鲁迪内斯科：但他不是一个革命的或独裁的领袖，而更像是个立宪君主，我们别忘了，他非常认同英国的政治模式。巴黎弗洛伊德学派是一个自由之地，而非一个政党或者教派。当然了，拉康对他的病人和学生施加着转移的影响。但如果他们顺从于他，那是他们自己决定的。他们出于自愿成为了他的弟子，因为这是他们的欲望。一个极权主义的拉康形象是荒谬的。更何况拉康虽然支持顺从，但他从不尊敬追随者，反而很看重那些能够抵抗住他诱惑的人。

从实质上讲，我对于试图给拉康的极端性赋予政治意义始终持保留态度。拉康最极端的地方在于，他对人与人之间的交流问题抱有阴暗的看法。对他来讲，只有在治疗当中，人类多元化的魔咒才能被部分地移除。我看不出在这样的基础上如何建立一个革命性的政治。

总而言之，拉康显然不是经典意义上的进步主义者，包括从政治上讲也是如此。然而他也并非像人们有时让我们相信的那样，是一个反动的思想家。某些精神分析家提到他是为了反对同性婚姻和同性养育——认为这些措施会动摇父亲的符号功能。这是一个严重的误解。其实，拉康是最早接待同性恋者的分析家之一，他不想去改变他们的性取向，并授权他们成为精神分析家。其次，所谓的父亲的符号功能既可以由一个男人承担，也可以由一个女人来承担：在一对同性恋的夫妻那里，可以由当中的一人来承担。组建家庭存在许多可能的方式，不该事先排除当中的任何一种！当有人问列维－斯特劳斯关于同性恋婚姻的合法性假设时，他简单地回答说，在人类社会当中有着如此众多的家庭组织形式，这并不让人吃惊。

拉康从来都拒绝只是从生物学的角度来考虑性别之间的差异。他很早就在关注家庭的问题。在1938年一篇名为"家庭情结"的文章中，他将精神分析的诞生与父权的衰落联系在一起。他主张失权的父亲形象应该被重新赋值。然而，他并没有呼吁重建父权制的绝对权力。在这个问题以及其它所有问题上，从政治的层面上来说，拉康在我看来和弗洛伊德一样，都是开明的保守派。

哲学杂志：对此您怎么想呢，阿兰·巴迪欧？对您来说，拉康是个进步主义者还是个保守派呢？

阿兰·巴迪欧：他才华的一个部分就在于其思想固有的模棱两可性。在拉康那里，同时存在着不容否认的保守主义层面以及极端的激进主义要素。一方面，人类动物扎根在一块不变的土壤当中，他被语言所结构化，并同化为一种永恒的律法，父姓在其中是组织性的能指。然而从另一方面来讲，他也可以摆脱这些重担，而发明出新东西。

伊丽莎白·鲁迪内斯科：律法是无法回避的，但它使得违反律法本身成为可能。

阿兰·巴迪欧：确实如此。如果人们只记住律法和父亲的符号性规定，那么，人们实际上就使拉康成为了反动分子——而事实上他并不是。相反，如果强调在欲望上毫不让步的主体——尽管这个主体被无意识的结构所捕获——的经验，拉康似乎就是一位解放的思想家——这正是我对他的教学的利用。因为相关于律法来说，解放如果不是这种扭转、破例的运动，那么它又会是什么呢？我们必须要明白，解放总是发生在一个局部的形象中，发生在例外中，发生在正常来讲几乎看不见的缺口里。想要对社会整体进行一场突如其来的革命，这种观点毫无意义。从这个角度来看，拉康完全有理由当一个保守派，他不相信大革命，或"一夜革命"①。但同样地，他也坚决地批判了对主体可行的解放进行教条式的拒绝。我们知道他在"不上当者会犯错"的表达中重新修改了"父姓"的说法。不上当者是那些声称认识了事物的否定的本质，并且以玩世不恭的态度否认解放的可能性的人。他们是在这个意义上犯错的，并且基本上是一些冒牌

① 原文为"Grand Soir"，是19世纪下半叶共产主义革命者时常使用的术语，表示旧的资本主义社会顷刻间被彻底颠覆、新社会诞生的过程。——译者

货。拉康不会上这些不上当者的当。

伊丽莎白·鲁迪内斯科：我在谈开明的保守主义时，也是为了引出在拉康那里始终存在着的批判性的维度。他是一位黑暗启蒙运动的思想家，不断地揭示理性与现代性被掩盖的一面。他不信任无限进步与全民幸福的意识形态。他太清楚这样一个事实，即西方世界随时都可能跌入恐怖、废弃、虚无主义。在生命的最后，他还明确地宣告当前祸患的兴起：种族主义、作为其变体之一的社群主义、狂热的个人主义、尤其是蛊惑大众的荒唐事、公众舆论的影响。这是他倾向于托克维尔的一面。简而言之，与旧欧洲的维也纳犹太人弗洛伊德不同，拉康主要参考了18世纪的法国、天主教的巴洛克文化、德国哲学、20世纪的文学现代性、形式逻辑、结构主义、马拉美的诗歌。

阿兰·巴迪欧：是的，处在当今支离破碎的世界之前，他是位有远见的人物。我一直认为他在20世纪80年代初去世具有象征意味，因为那时正好是我们这个荒谬的社会开始发展之时：现代资本主义的世界、野蛮的全球化的世界、无限制金融化的世界、广义上的新保守主义的世界。

哲学杂志：因此，我们就来到了拉康的现实性问题。对你们来说，他的思想在哪些领域或问题上与当今最有关联？假如他还在世，他会起来反对什么现象？

伊丽莎白·鲁迪内斯科：21世纪已然是拉康时代了。因为它的走锚正是他所预言的，也因为他的思想让我们可以与之斗争。拉康自己是一个快乐的人，但他从不宣扬盲目的享乐主义，这种享乐主义用幻影取代了对欲望的真理的追求。他反对各种形态的身份的自我封闭，因为它否定正是相异性将我们构建起来，他反对行为主义和认知主义，因为它们将人类贬低到他的自然属性那里，使其沦为生物性的存在、他的身体和他的大脑。尽管拉康热爱动物，但他总是认为在人类和动物之间存在绝对的统一体的观点是荒谬的，当今深层生态学和动物行为学支持者就是这样认为的。通过其主体和能指理论（语言、话语），他坚持认为在人类与非人类之间存在一个必然的中断，尽管他同时确实是达尔文主义者。然而，如果掩盖人类那里的语言和精神主体性所特有的东西，那就走向了法西斯化的科学主义：人们声称通过观察神经元来理解人类；人们治疗他的痛苦而不关心他的话语，以纯粹机械的方式用药物来击溃他。这里的主体在哪儿呢？在他的独特性那里发生了什么？它被嘲讽，随后无人问津了。

阿兰·巴迪欧：拉康的确会鄙视愚蠢的认知行为疗法，这属于疾病的一部分。他会起来反对将症状无限地医疗化，以及鱼龙混杂的心理学科的飞速发展，而后者被描述为主体认识的精华。他会讥笑以破坏知识为代价的传媒报道的无所不能。他会感到大学的辞说在无情地没落，而事实上他对此是抱有很大尊敬的。意义的高度整齐划一以及装模作样的层出不穷会让他感到恐惧。同样，那些统治我们的人对安全感抱的极端、可悲的盲目崇拜也让他感到恐惧。正如伊丽莎白所说，拉康对我来讲就像一剂生命必需的良药，以对抗日益侵害着我们的、令人痛苦不堪的荒唐事。

伊丽莎白·鲁迪内斯科：他肯定会针砭最平淡无奇的意识形态计划的回归：民粹主义、心理主义、建立在受害基础上的责难、广义的评判等等。

哲学杂志：他是不是也会嘲讽被某些哲学家，包括您，所带活的共产主义呢，阿兰·巴迪欧？

阿兰·巴迪欧：令人生疑的嘲讽！那些反对共产主义的人是典型的不上当者，他们在服务于当今强权时犯了错误。共产主义与乌托邦恰恰相反，它是作为不可能的实在的真正的名字。在共产主义上让步，或在解放的例外的任何可能的名字上让步，就是在所有形态的真正的政治欲望上让步。拉康，作为开明的保守主义者，事实上认为向"恐怖"让步要好过冒险去进行"恐怖"。但他仍断定当今世界是令人痛苦不堪的，对他来说，需要被……

伊丽莎白·鲁迪内斯科：……一顿好打！

二

对无序的思考[①]

    克里斯汀·戈艾梅：逝世30年之后，拉康变得更有生命力。在世界各地，他的思想以及承载其思想的语言使其不仅在精神分析实践领域里取得了进展。他构造的操作性概念让我们可以去分析当代的危机以及冲击着西方文明的不适。在开始讨论拉康的现代性之

---

    ①   2011年10月4日在法国国家图书馆举办了以"拉康，三十年之后"为主题的讨论会，此文为当时的录音稿。活动由让-路易·格拉顿（Jean-Louis Graton）先生筹划、克里斯汀·戈艾梅（Christine Goémé）女士主持，法国文化台与《哲学杂志》协办。文本由马丁·杜鲁（Martin Duru）先生记录，并由两位作者做了整体的复审和修改。

前，伊丽莎白·鲁迪内斯科和阿兰·巴迪欧，是否可以请你们两位为我们勾画一幅他的个人肖像呢？

阿兰·巴迪欧：谈论拉康的形象，这不仅是勾勒一位伟大思想家的肖像，同时也是对20世纪思想和行动的一个特殊时期的回顾。从这点上来看，拉康毫无疑问是位大师。他的话语和独特的文字引起了反响，一种特别广泛的回响，它超越了精神分析和分析行动的边界。从人们立即地、激烈地讨论他的意义上讲，他也是位大师。他之所以遭到如此攻击，是因为他的观点的新颖性总是以一种光彩夺目、不容置辩的方式呈现出来，也因为他创立了学派，并且总是被其弟子所围绕。众所周知，弟子从定义上说就是经常试图背叛导师的人。弟子认为自己有办法背叛。拉康本人对此非常清楚：就他而言，处在支配位置上的人必定要面对的最为基本的伦理考验就是，有朝一日不得不忍受这种背叛。实际上，他曾广受诽谤和背叛，可能比与他处在同一历史时期的其他任何人都多。到现在仍是如此，将来也一样。他确实与弗洛伊德一样，后者在世时也曾遭受激烈的批判与诽谤。

二 对无序的思考

　　为了理解对拉康的攻击，有必要去复原他的思想所根植的知识背景。20世纪从50年代到60年代的转折期，哲学的形势被日渐衰落的现象学（萨特、梅洛－庞蒂）和正在兴起的结构主义（列维－斯特劳斯、阿尔都塞、福柯和许多其他人）之间的冲突所主导。然而，在这两股思潮中间，拉康界定了一个非常独特的理论立场。一方面，受其临床经验的启发并在科学确定性模型的引导之下，他对无意识的概念进行了革新，认为它是决定主体经验的系统。但另一方面，他坚持主体的概念，同时对其进行了彻底的改造，在现象学那里主体是核心的概念——尤其在萨特那里，他将主体与意识和自由的理论联系在一起。拉康沿着山顶的一条路，一条非常特别的山脊小道前行：一方面，通过指出"像语言那样"被结构化的无意识决定了主体的构建，他继承并重铸了结构主义的遗产；另一方面，通过肯定任何人都有可能自由地承担伦理风险，他重新展开了主体概念所有的根本层面。拉康主要的讨论班之一《精神分析的伦理学》的命名并不是偶然的。这一伦理的维度与主体对其自身欲望结构的肯定和主张相重叠。我们再次用拉康说过那句著名的话说，那就是，必须的是："不要在欲望上让步"，但我们可别忘了，这句口号通常意味着"尽你的责任"。

因此，我认为拉康是位大师，他处在两种要求的一个交汇点上：首先，作为启蒙人物他肩负着理性的要求，在他那里，科学性的理想与结构的王权以及对主体经验形式化的不懈追求结合在一起。其次，他接受构成其自身命运的主体的不可简约性。这是个既反叛又戏剧化的观点，它从戏剧中吸取了大量的养分，尤其是拉康总是涉及的古希腊悲剧。因此，我想要提出的拉康肖像就是：一位与戏剧的力量相遇的启蒙人物。

伊丽莎白·鲁迪内斯科：拉康显然是位大师，因为他非常广泛地重建了弗洛伊德的思想，这种思想引起全球文化的兴趣，远远超出了精神分析的领域。但他曾是位精神分析家这一事实使得局面变得非常的复杂。当今，他的思想和治疗的概念被一些并不认识他的人所传播，他们是曾在他那里做分析者的那一代人的学生，在他去世后，这一代人散落在各地。同样地，以一种转移的方式，他们更多地继承了拉康思想的不同解读者彼此的憎恨而非拉康的思想。

这种情况并不是没有危险。危险在于不同派系对他的教学的再占有。这就是今天的精神分析家面临的威胁，尤其是在他们并不想要了解自己学科的历史，而只是从中继承了"二手货"时。在哲学家和人文科学的研究者中间，大师无疑是存在的。但是在精神分析的领域里，对大师的认同和转移问题是至关重要的。拉康分析了相当数量的临床工作者，这些人最先是依仗着他，而后分散地存在于相互对立的阵营当中。毫不拐弯抹角地讲，对其遗产的传承从那时起就变得复杂起来。这些精神分析家将自己摆在至高无上的地位，宣称自己拥有对创始人的作品专属的控制权和所有权，仿佛只有他们才能理解那些经典的文本并将其付诸实践。

在很长一段时间里，弗洛伊德都是这类强制占有活动的对象。他的档案在他去世近三十年之后才公开。现在，拉康也出现了同样的问题，而且要尖锐得多，因为并不存在真正的拉康派群体，而弗洛伊德的后继者在纳粹主义之后通过IPA（国际精神分析协会）好歹算是达成共识建起了档案室（华盛顿的美国国会图书馆）以及纪念场所（伦敦弗洛伊德博物馆）。拉康的情况则不同：一切都四分五裂、支离破碎。这就是为什么在我看来，他的教学最终被世俗化是必要的，也即是说，它需要被传播到精神分析的圈子之外，就像弗洛伊德今后不仅仅在精神分析的协会，而且在其它地方被研究一样。总而言之，拉康应该停止被拉康派占有先机。

现在回到之前阿兰所说的，我完全赞同将理性思考与对戏剧的反思相结合的观点。我想要补充的是，在拉康那里，对悲剧的定位或渴望就是他宣称并实施的向弗洛伊德回归的一种形式。哲学总是要诉诸希腊，在精神分析中，这种诉诸不可回避，并且是围绕悲剧的。当研究精神分析或从事精神分析工作时，我们必须不断地面对悲剧。重要的是，这不是俄狄浦斯情结的通俗心理学，而是对古希腊悲剧的反思。如果弗洛伊德在19世纪末没想出这个绝妙的点子，将西方资产阶级家庭的琐事回溯到希腊悲剧——也就是无意识的命运——他可能会像皮埃尔·雅内那样，始终只是位神经症心理学家。因此，这就要求每个真正的精神分析思想家都重复这一举动，正如哲学家们为了思考现在，总是不得不重新回到哲学的起源一样。

在这方面，弗洛伊德和拉康有决定性的差异。在拉布达科斯家族的家谱中——作为希腊王朝中最悲惨的一个家族，它曾给索福克勒斯带来非常多的灵感——弗洛伊德优先选择了俄狄浦斯王，这是关于一位君王的故事，他对自身的显赫和强健深信不疑，并在成为自己冲动和傲慢的牺牲品之前曾达到荣耀和智慧的巅峰。但拉康做了什么呢？他更关注克罗诺斯的俄狄浦斯。他还对俄狄浦斯最后的那些时刻感兴趣，对失去了所有的光辉，在生命垂危之际诅咒其子孙的老人感兴趣。因此，悲剧的意义在弗洛伊德和拉康那里是不同的。

弗洛伊德从理论上解释了父权制权威全能的败落。1909年，他通过米开朗基罗为尤利乌斯二世陵墓（位于罗马的圣彼得镣铐教堂）所雕刻的著名雕像对摩西产生兴趣时，被这位先知升华愤怒的方式、克制自己不将摩西十诫摔向他的人民的方式所打动，这些人在他不在时又回去膜拜偶像。随后，他认为第一个一神论的伟大之处——他将其起源追溯至埃及——并非犹太教（身份的），而是犹太性（普遍化的），即思考、反抗的能力，以及从表象、情感与顺从当中抽离出来的能力：没有偶像，没有画像，自身掌控，理性；在他看来，随后的基督教与之相反，它是一种大众和情感的宗教。

拉康感兴趣的是不可逆转地被打败了的权威。他对罗马天主教也很着迷，但他只关注其中总是相互冲突的两个方面：一方面是政治权力（教会和教皇的权力），另一方面是神秘主义的知识（由女性体现的纯粹的、无对象的，甚至自我摧毁的信仰）。因此，克罗诺斯的俄狄浦斯既不是俄狄浦斯王，也不是摩西，而是这位没落君王最终的样子，他的辉煌早已荡然无存。在他的不幸中已不再有任何崇高的东西：他并没被打败，他什么都不是，他已经死去。对拉康来讲，这就是悲剧。

至于安提戈涅，弗洛伊德只在意指其女儿安娜时才谈到她，安娜为了成为他的继承人和支持者而接受了独身。纠缠着拉康思想的是一个完全不同的安提戈涅。带着黑格尔解读索福克勒斯的这个人物的痕迹，拉康提出了这样一条训诫，根据这个训诫，我们永远不要在欲望上让步。对于拉康而言，安提戈涅是一位笃信者，她体现了主体的固执，与不惜一切要遵循自身的意愿的顽强。国家法律和不成文的家庭法律之间的著名对立——安提戈涅依据家法无视其舅父克瑞翁的法令而将其哥哥埋葬——并不是拉康关注的中心。在他看来，安提戈涅本身就是个悲剧。作为没落君王的伴侣，她是主体奔向死亡的铭文，即不可让渡的欲望的名字。她要求一个丧葬的仪式（葬礼），这超越了所有的坟墓。她也体现了拉康那里对女性的突显——如果不是其优越的话，而弗洛伊德的参考系更多是男性化的。

关于戏剧最后提一句：拉康本人也是个非凡的表演者，一位杰出的演员。他的讨论班本身就是戏剧。与同时期的巴特或是福柯的课程相比，他的课程尤为如此。拉康总是在表象中。在他那里，一切都是话语，而付诸写作对他来说非常艰难，写作让他感到恐惧。任何参加过他讨论班的人都有过难忘的经历。令人遗憾的是，我们没能全部拍下来，以便让新的一代明白他表演的天赋。

克里斯汀·戈艾梅：他有着非凡的幽默感……

伊丽莎白·鲁迪内斯科：是的，但是我坚持认为永远别忘了悲剧的维度。每当读他的著作的时候，或是每当观看现存的关于他的稀有视频的时候，都会有巨大的痛苦显露出来。拉康苦于很难去传递自己的思想。这位启蒙之士总是担心不能做到足够地清晰，不能被人理解。确实，他的作品是很难的，甚至在某些人看来是费解的。

为了以拉康式的时间结束，我发现他的教学比起阿兰要晚一些。就我个人而言，我特别钦佩1950到1965年间作为结构主义者的拉康：作罗马报告、提出"字母的诉求"①与能指的理论、跟随亚历山大·柯

---

① 雅克·拉康："无意识中字母的诉求或自弗洛伊德以来的理性"（1957年），见《拉康文集Ⅰ》，色伊出版社，巴黎，1966年，第490-526页。——译者

二 对无序的思考

瓦雷与科学站在一起的拉康。不过，正如我说过的，我同样喜欢战争期间的、与巴塔耶和超现实主义者来往密切的现象学者的、着手解构西方家庭的能指的拉康。我在最近的一本书《拉康，在反对的反面》[①]中，谈到了20世纪70年代的最后的拉康，他将语言的冒险进行到底：被死亡以及其作品的传承所缠扰、处于暗夜中的拉康，颠覆了自己的拓比学（符号界、想象界和实在界——SIR），将实在界放在首要位置，以便让一些非常晦暗的、不能被符号化的、异质的东西被理解的拉康。这是对理性的动摇。

克里斯汀·戈艾梅：概括地来讲，我们可以说，在拉康这里，语言作为无意识的条件和结构被放在了绝对的首位，这在弗洛伊德那里是没有的，然而拉康自称是读过弗洛伊德的人，并实现了对他工作的回归。这个表面的悖论包含了一个明显的差别：在精神

---

① 原书名为：*Lacan, envers et contre tout*，本意为《拉康，不顾一切》，译者此处参照拉康本人讨论班《精神分析的反面》的译法。伊丽莎白·鲁迪内斯科：《拉康，在反对的反面》，色伊出版社，巴黎，2011年。——译者

分析的创始人（维也纳传统的中产阶级）与拉康（颇具煽动性的大都会的巴黎人）之间还存在着风格的差异。对此您如何评价？

阿兰·巴迪欧：事实上，拉康的文学风格的问题是根本的，并以决定性的方式进入到他的身份中。弗洛伊德的作品则用一种优美的古典语言写成，既紧凑又清晰，寻求按照思想的真正运动来阐述的顺序。拉康的行文在许多方面则更接近于无意识的迂回：它恰好抓住了陈述中处在意识的反思序列之外的东西。拉康的写作有种让我深为所动的魔力，它所产生的效果与某些现代诗人产生的魔力一样，比如马拉美。拉康的语言采用了以下策略：他的写作总是让人们在认为已经理解的之外做更多的思考——就好像每句话都有一个从对它的单义理解中溜走的剩余。被言说之物落入言说的行为当中，后者超越了它的直接性，不会让自己在自己最初的理论获取中耗尽。此外，人们常常指责他陷入了修辞学，为的是诱惑他的听众和读者，同时让他们感到挫败。实际上，拉康的风格是以一种不同寻常的方式混合了语言的句法迷宫和格言的非常法国式的要素。事实上，拉康说了一些后来很著名的说法：“没有性关系”，“女人是不存在的”，“不上当者会犯错”，“在它思考的地方，我不在”等等。这些使其作者列入法国伟大道德家行列的表述，插在一个蜿蜒曲折的未来当中，引领着我们回到悖谬以及梦的惊喜。拉康的语言是一个相遇的地点，是梦境式的讲述和法语能够表达的说法的决然之间困难的、几近令人焦虑的融合的地点。拉康以其才华让如下这两个可能的方面发挥作用：一方面，他那里有着明白易懂的句子，它们令人过耳难忘；另一方面，他取了难以理解的语言的模糊之路，而这种语言在其自身当中又衍射为无限而神秘的回声。简而言之，这是精神分析家的语言，甚至更是：混合了精神分析运动本身的语言。最后，抛开所有爱国主义和狂热的民族主义不谈，我认为这是一种极其法国的语言。他与弗洛伊德的差别就在这里，因为后者的思想和写作与他的德国出身是密不可分的。

伊丽莎白·鲁迪内斯科：拉康时而身靠17世纪（拉·封丹、拉罗什福科），时而身靠18世纪和巴洛克时期。19世纪浪漫主义和实证主义的文字对他来说是陌生的。事实上，他与法国文学精神的某个理念重新建立起了联系。他浸润在自己母语的历史长河中：他不说任何其它语言。去听或读拉康也是倾听在工作的无意识，比弗洛伊德那里多得多。拉康是无意识的哑剧演员、是无意识的腹语者。在其生命的最后几年，他通过参阅乔伊斯的《芬尼根的守灵夜》而颠覆了自己的拓比学时（用RSI代替了SIR），这点就显得更为突出了。

至于弗洛伊德，他完全是个19世纪的浪漫主义者。他的文学品味是他那个时代文人学者所具有的。弗洛伊德不受先锋派影响，其作品的美学更接近于小说，而拉康极其欣赏的法国道德家的句子丝毫没有浪漫色彩。如果要在拉康那里寻找19世纪式的浪漫主义，不该在他的文字当中找，而应该在他的充满着纷繁复杂波折的个人生活中找。这与弗洛伊德相对普通的人生有着多么鲜明的对比呀！我们要注意，他们两人都经历过欧洲的战争状态：弗洛伊德目睹了他所来自的同盟国旧世界的坍塌，而拉康经历了代表欧洲崩坏的纳粹主义的胜利。然而，这两位思想家与写作的关系却极其不同。弗洛伊德像维克多·雨果：他每日都以一种令人难以理解的轻松进行写作。他是位不知疲倦的书简作家，曾写了两万多封信，其中有一半已经被找到了。如果不考虑这些数量庞大的信件，我们将无法对他的著作进行仔细的研究。相反，在拉康那里，写作是种折磨。对他来讲，写东西总是一场悲惨的磨难。

因此，这就是两个男人完全不相像的地方。然而，正是拉康从20世纪50年代起在法国对弗洛伊德进行了卓有成效的回归。悖论是令人惊讶的。拉康来自精神病学，他曾是加埃唐·加蒂安·德·克雷宏波的学生，并且对精神病以及弗洛伊德所放弃的一切东西都感兴趣。正是因为他与精神分析的创始人相距甚远——他在智力层面上完全不忠于后者——他才能够在当他还能与之见面的时候拒绝与之见面，而回到弗洛伊德工作的文字当中。

拉康在一个并不有利的时代背景下实现了向弗洛伊德的回归。在20世纪50年代期间，精神分析界试图"超过"弗洛伊德，抛弃被视为过时的维也纳的弗洛伊德。并且，这种抛弃正是那些认识弗洛伊德的人所希望的，他们都是些犹太人，因为纳粹主义而被迫离开欧洲，但在他们的记忆中仍保存着那个被吞噬了的世界，这是与英美世界的艰难融合一旦实现之后他们就不再想要的东西。

拉康，这位在法国土生土长的天主教徒，在与信仰以及任何形式的沙文主义决裂之后进入历史舞台，并宣称回归维也纳。但这是怎样的维也纳呢？它并不是移民者的维也纳，而是一个被结构和能指所梦想的、被重新创造的维也纳。此外，正是在1955年维也纳的一次会议上（"弗洛伊德的物"），拉康创造了以下观点，他认为精神分析相当于流行病（瘟疫），它可以颠覆意识。拉康对于同盟国时期的欧洲并不熟悉：他是彻头彻尾的法国人、巴黎人。这是一场政变：对弗洛伊德的著作进行了前所未有的改写，并引领了我称之为"弗洛伊德主义的正统接班"的人，既不是弗洛伊德核心圈的成员，也非维也纳史上的移民。他是一个来自外部的人，一个几乎从弗洛伊德的传奇"脱落"的主体。没有任何人预料到会是拉康——当然也包括弗洛伊德本人。至此我们很轻易地就能理解为什么拉康如此迅速地招致了国际精神分析机构的愤怒，直至被驱逐出去。他被认为是一个具有威胁性的外来者，一个强而有力的异教徒。他从未出现在弗洛伊德的官方族谱之内，既没有维也纳血统，也不属于北美大陆谱系。

克里斯汀·戈艾梅：阿兰·巴迪欧，您赞同伊丽莎白·鲁迪内斯科刚才所说的吗？如果说拉康能够忠于弗洛伊德，是因为他一点儿也不像他？

阿兰·巴迪欧：是的，这是毫无疑问的。但拉康对弗洛伊德不忠实的忠诚在思想史上并不是特例。经常发生的情况是，一项智力发明突然地被一个来自它外部的干预所重新安置和放大。就我而言，我想要指出的是，在所有被拉康用来改写弗洛伊德精神分析的"外来"要素当中，一个主要的角色落到了哲学上——这自然让我很感动。……哲学是拉康式革新的主要工具之一。在其所有讨论班的过程中，实际上我们都遇到了哪些人呢？柏拉图、斯宾诺莎、黑格尔、克尔凯郭尔、海德格尔、维特根斯坦以及其他许多人。这位精神分析家不断地召集着哲学家，我们几乎都可以根据拉康写一部哲学史了。这可能很奇怪，但也很有趣。每一次，哲学家都会被过滤、被重新翻译、并被折回到一个并不属于他们的学科当中。他们甚至成为了分析链条的可能的概念人物。尤其当涉及到苏格拉底时就更是如此了，他是拉康特许的对话者之一。

克里斯汀·戈艾梅：对于柏拉图也是一样，因为拉康声称柏拉图是拉康派。

阿兰·巴迪欧：的确如此！他回溯性地拉康化了许多哲学家！但他是通过一种特殊的天赋这样做的。可能与人们认为的相反，拉康的解释总是相当字面的，非常接近他所读过的文本。他的解释有时是大胆的，但绝不是异想天开或妄自揣测。他自由地行进于哲学的文本材料中，游移在完全吸收和彻底排斥之间。因为拉康也曾多次自称为反哲学家。让我们以他对柏拉图的解读为例：有时候，他完全支持柏拉图式的设置。因此，在《……或许更糟》①中，他将《巴门尼德篇》整个纳入到自己的思想当中。在其它一些时候，他又毫不客气地嘲笑柏拉图，比如当他将《理想国》中的哲学与政治计划归结为驯马时。……拉康对哲学家并非总是那么温和的，他对后者的指控有时极其粗暴。

阅读这位古怪的、醉心于许多哲学家的反哲学家，我得出结论认为我这代哲学家不能不与拉康有个实际的交锋。关键的并非是仅仅评价哲学与精神分析的外在性关系，而是关系到一个更为内在和隐秘的问题：对于拉康对哲学的运用或者他反哲学的主题，我们哲学家能够如何、并应该如何面对？拉康以他模棱两可的方式征用了我们哲学学科的概念，这在多大程度上影响并撼动了它们？最后，对我来讲，如果当代哲学没有在某个阶段与拉康对哲学的解释产生过交锋，那么它将不会被认为是重要的。

---

① 雅克·拉康：《……或许更糟》（1971-1972），色伊出版社，巴黎，2011年。——译者

哲学被拉康如此动用起来，以便去重组，甚至去扭曲精神分析的维也纳的、弗洛伊德的模型，这无论如何具有十分重要的意义。与此同时，这还制造并煽动了两个学科之间暗地里的对立。在拉康那里，这种冲突时而是潜在的，时而是显而易见的：有时他作为哲学舞台上的一个人物出现；有时他又会离开这个舞台，为了让哲学消解在一个完全崭新的空间中，消解在他所构想的分析的空间中。拉康是这样的一位魔术师，他让哲学史上这样或那样辉煌的片段显现，只不过是为了让它再次消失在作为他的精神分析创造物的伟大外衣之下而已。

伊丽莎白·鲁迪内斯科：在此我们有了新的悖论。拉康表示出很强硬的姿态想要将哲学带回到精神分析的领域。然而，他与哲学的关系实际上是一场生死搏斗。拉康从哲学当中吸取营养是为了更好地与之发生冲突。他每时每刻都与它处在肉搏战中。而弗洛伊德在哲学方面从没有过相同的立场。这一点很重要：在法国，20世纪60年代的知识分子在读过拉康之后才读到弗洛伊德，这并不罕见。他们是根据拉康式的改造来阅读弗洛伊德的。我在写我的《法国精神分析史》时,都不得不让自己"去拉康化"以便重新发现最初的弗洛伊德。在法国以外的地方,我认识许多弗洛伊德派的精神分析家和许多弗洛伊德著作的评论家,他们读拉康很费劲:特别是尤塞夫·海因·叶鲁沙米和卡尔·舒尔斯克。实际上,拉康在英语世界首先是在文学和人类学系被研究(文化与性别研究)。在那里,拉康会被认为是一位哲学家,或者是文化人类学家,甚至是文学理论家,而几乎不被当作是一个精神分析家。

克里斯汀·戈艾梅:那现在您将如何形容拉康与作家的关系呢?他大量地引用了文学作品,从萨德到乔伊斯。我们是否能从中发现与上述和哲学家关系相同的情况,即一种既吸纳又排斥的关系呢?

伊丽莎白·鲁迪内斯科:不管谈到的是哪位作者,拉康都是在进行吸收:他认为其他人与他在同一时间表达相同的东西。他常常认为那些先于他的思想家或作家早已预见了他自己的想法。正如我们已经看到的那样,他甚至不失幽默地认为柏拉图早已是拉康派了。这种同化在某些拉康派那里引发了滑稽的言论。比如有人认为弗洛伊德早就是拉康派了，并且拉康的概念在他的著作当中已经出现过。

至于与他同时代的人，拉康会有被"剽窃"的感觉。这个特点有时会变成病态的：在他的信件往来中，他不断地声称别人抄袭了他，盗用了他的想法，而他自己却对某些哲学家的著作进行长篇评论，并将其整个当作自己的。这样的态度只会产生冲突。让我们以他与雅克·德里达这位细心的、一丝不苟的、毫不含糊的拉康的阅读者的关系为例。然而，拉康受不了他：他坚称德里达盗用了他的观点。另一些时候，他又认为某些作家，比如玛格丽特·杜拉斯只不过是通过"我，即彼者"、"彼者，即我"、"他或她跟我做的一样"等方式提出了可以与他的想法互换的东西。

至于那些对他产生了影响的作家，拉康很少谈及超现实主义者，尽管他曾与他们走得很近，也来往甚密。很明显，他的品味使他更倾向于马拉美和乔伊斯的诗歌和文学经历。拉康对《尤利西斯》以及之后《芬尼根的守灵夜》中的新语言非常着迷，正如我所说，他将其占为己有。然而，在我看来，他与哲学和戏剧的关系——希腊悲剧，还有莎士比亚和克洛岱尔——对他来说更富有成效。

阿兰·巴迪欧：我们谈论哲学、文学和戏剧，但不要忽视形式科学以及当代形式化的逻辑图形在拉康那里所扮演的重要角色。最初，他利用罗曼·雅各布森的结构语言学。随后，他转向布尔和弗雷格的数理逻辑。最后，与20世纪70年代讨论班相对应，他通过对波罗米结、拓扑学和几何代数的研究将集合论整合到自己的理论框架中。因此，拉康与严格意义上的形式化活动的最为现代的形式之间有着丰富的过往。他并不满足于将悲剧艺术、伟大的马拉美诗歌、乔伊斯闪光的语言以及维也纳概念化的遗产吸纳入自身当中，尽管这足以值得称道。拉康知识的支脉也延伸至最为枯燥无味的形式学科当中。

他为什么需要它们呢？我认为关键在于：拉康试图使浪漫主义和萨特存在主义意义上的主体的悲剧与结构主义并存，对此我已经强调过。他所追求的是两个目标：一方面，肯定主体的不可简约性（人物既是戏剧性的，又是安提戈涅式的伦理性的），另一方面，将这种不可简约性置于一个可传递的结构性当中。拉康在最后转向数学和拓扑学，为的是创造出他自己的"数素"概念。而"数素"正是治疗中主体的经验可以在其中被投射和传递的形式空间；因此，主体的这一经验被归于一种科学的、理性的模型，在其中无余传递是可能的。然而，在现实当中这样的一种传递并不能涵盖全部的主体经验，因为正如我们已经看到的那样，主体是并且始终是不可简约的。在主体那里，总是存在着某些没有被形式化，也不能被逻辑−数学所捕获，最终无法通过形式化知识传递的东西。在什么意义上呢？对于晚年的拉康来说，在主体与实在错综复杂地交织在一起的意义上。在拉康的概念内容当中，实在是完全抵制符号化的东西，尽管符号是可以通过数学的、逻辑的或拓扑学的方法实现的。这个理由反复地出现：主体的实在是不能被符号化的。因此，拉康尽可能地形式化，以便经历一个根本性的僵局。在某个时刻，整体的形式化不得不中断，因为它不再能抓住它打算抓住的东西；这是我们触及到主体的实在的时刻。

在我看来，这是拉康思想中最强有力的运动之一，这同样也出现在他的写作中：推动形式化、将其扩展到某个阻挠它、结束它的东西出现为止。拉康后期那个绝妙的结的图形就由此而来：结既是被系紧的又是被解开的。它正是这个实在的点，打结和解结在这里实际是无法区分的，是相同的。在我看来，拉康通过对结理论的运用，向那些困惑的大众提供了他整个思想的终极隐喻。但在这点上，我知道伊丽莎白不同意我的观点……

伊丽莎白·鲁迪内斯科：对我来说，我认为他的理论路线的最后一步是很有启发性的。在其最后的几个讨论班中，拉康陷入到某种猜测性的谵妄当中；他执意地打结和解结。与他一起工作的数学家，皮埃尔·苏里和米歇尔·托梅，还有让-米歇尔·瓦佩罗都共同参与到这个留下了诸多痕迹的冒险中：布满了环状物和坐标的彩图。在拉康那里，这次冒险是与话语和言说的逐渐消失联系在一起的。在其生命的最后，拉康不是变得失语，而是几乎完全缄默了，同时不断地增加新词。看到此人在公开场合推翻自己的想法当时是很引人注意的。这种姿态是闻所未闻、极具颠覆性的，就像是个终极挑衅，对所谓的理论全能给上最后一脚。拉康与自己的疑难问题进行搏斗，最终陷入了绝望：他惧怕死亡，同时又蔑视死亡。就我个人而言，我不认为在这一点上可以效仿他，就像他的某些追随者所做的那样。极端的形式化及其僵局为分析的实践带来了某些东西吗？让我们这么说吧，我并不认为是这样，因为它们以一种残酷而粗暴的形式化名义对分析的时间进行了消解，这是我并不赞成的，它会让治疗失去人性。但是我们先不去回答这个问题。晚年的拉康，即使直至最后的困境，都是英勇崇高的，我并不否认这点。但我不认为最后的这种追求本身能够给临床带来创新。

克里斯汀·戈艾梅：拉康事业最重要的方面难道不正是它阻挡了将主体心理化的过程吗？

伊丽莎白·鲁迪内斯科：是的。对心理学的拒绝在他那里始终没变。他对这门学科深恶痛绝。在当时，他并不是唯一的一个。这种厌恶情绪在我们这

二 对无序的思考

一代人当中普遍存在，而这是件好事。乔治·康吉莱姆1956年在其"什么是心理学？"的演讲中对之提出的著名抨击，仍然是有现实意义的："当我们从圣雅克街的索邦大学出来，我们可以往上走，也可以往下走；如果往上走就会走到巴黎先贤祠，那里是纪念伟人们的地方，但如果往下走，那肯定会走进警察局。"[①]如今，这点变得更加突出，因为几乎新一代所有的精神分析家都不得不完成心理学的学业，以便能够进入医疗机构内工作。这是非常有问题的，因为相对于心理学，精神分析有着关键的外部性——顺带说一句，这对于精神病学来说并非如此。精神分析家的培养在未来是个决定性的问题。

拉康向弗洛伊德的回归可被用作此处的转换点：对他而言，精神分析刚好是反心理学的。他很鄙视以

---

① 乔治·康吉莱姆："什么是心理学？"，见《形而上学与伦理学杂志》(*Revue de métaphysique et de morale*)，法国大学出版社（PUF），巴黎，1958年，第12页。此段在《拉康文集》中曾被引用。参见：雅克·拉康："科学与真理"（1965），见《拉康文集Ⅱ》，色伊出版社，巴黎，1966年，第339-340页。——译者

自我为关注点的"自我心理学"这一美国学派。他希望更多的无意识，更多的实在，以避免存在被心理学化的危险，因为后者只不过是对意识的行为主义式的驯化。他小心翼翼地避开了对俄狄浦斯情结展开长篇大论并不是偶然的，因为这也能产生关于家庭冲突的平庸论述。在这一点上，德勒兹对主体性的俄狄浦斯化的批判是正确的。

克里斯汀·戈艾梅：让我们回到晚期的拉康，看来您很喜欢他，阿兰·巴迪欧……

阿兰·巴迪欧：的确如此。而这并不仅仅是因为他运用了形式科学，并重点强调了我所提到的逻辑和拓扑学。这还是因为我无法忽略，正如伊丽莎白一样，他身上的克罗诺斯的俄狄浦斯。有必要回到并坚持这点：拉康并不喜欢俄狄浦斯王，在这个受骗的君王身上他找不到自己的影子。相反，他能以克罗诺斯的俄狄浦斯形象出现，也就是说，一个解开了自身存在的结的男人，并将最终的结局告诉了真正愿意倾听他的人。当然，这种境遇从很多方面上来讲都是模糊的、幽灵般的存在。但它却揭示并凝缩了主体自身的

悲剧。永远别在欲望上让步，这是能够并且知道如何
解开自认为已经被打上了很结实的结的东西。晚期的
拉康显然是个难题，但他由此也获得了一种气概、一
个卓越的地位。

这是他的死对我来说是个非常特殊的事件的原因
之一。众所周知，大师终有一死。然而，拉康的死却
笼罩在一种奇特的氛围中，因为这个事件响应了他自
己的作品。他的死正如他晚期的思想那样，恰恰被放
在了克罗诺斯的俄狄浦斯形象之下，这是一位老者的
形象，他的死留给全世界了他的死亡的不解之谜。如
果我可以这么说的话，拉康成功地做到了这一点：他
晚年的缄默以及他的死亡构成了他谜一般的遗产的组
成部分。30年之后，神秘的拉康仍然存在。即使承
认他是大师，与其作品的关系仍然无法确定下来。人
们永远无法停止对这个人、对他的思想进行反思。从
根本上讲，这真正涉及的是什么呢？是精神分析吗？
很明显是。是哲学吗？是的，在某种意义上。是当代
写作，是语言的冒险吗？当然。是主体性的戏剧？也
是。还涉及其它什么呢？难道就没有一个探查不到

的剩余吗？拉康曾经是、现在仍然是，并将永远是个谜，一个无法归类和完全破译的作者。过去和现在一样，他内在的多样性不可避免地让人始终困惑不已。

伊丽莎白·鲁迪内斯科：完全同意。在其生命的最后，拉康甚至在身体上，在步态和姿势上都变成了克罗诺斯的俄狄浦斯。他进入到一个巨大的紊乱过程中：身体机能和思想的解体，以及他创立并推动的学派的解体。我很清楚地记得在他的讨论班上他停止了讲话的部分。那是些让人记忆深刻的时刻，在之后被某些人用令人厌恶的方式进行嘲讽的时刻。在这种展示的逻辑当中，存在着某种超现实主义的东西。拉康不再说任何话，而是在他自己语言的分解中展示了自身。

阿兰·巴迪欧：这种姿态实际上是超现实主义的，但也非常接近维特根斯坦——这又是一种哲学上的融合。人人都知道《逻辑哲学论》结尾处的名言："凡不可说的，应当沉默。"实在如果是无法符号化的，那么它最终是不能被言说的；因此，应当沉默。

但是沉默也包含将其指明的责任，而这仍然是维特根斯坦的观点。应该指出在哪点上必须保持沉默。我把晚年的拉康想象成总是指着不可言说的实在的那个人。只是直到最后，我们再也无从得知这种姿态真正指出的以及意味的是什么。他留给我们的像一个谜，如同死亡本身一样。

克里斯汀·戈艾梅：2011年9月，色伊出版社出版了拉康1971-1972年间的第十九个讨论班，名为《……或许更糟》。拉康通过通常引起读者注意的幽默评论他的标题，开启了这期讨论班："可能你们当中某些人已经听懂了……或许更糟，这总之是我一直能做的。"在引论的结尾，他补充道："我的标题强调了这个空的位置的重要性，并且也指明了这是在语言的帮助下唯一可以说话的方式。"阿兰·巴迪欧，您对这一标题，尤其对这个讨论班有什么评论吗？

阿兰·巴迪欧：《……或许更糟》这一奇怪的标题用这个标点当然是引入了一个悬念。但这一悬念同样意味着作为实在到来的东西。完整的语段，整个的表述是："没有性关系……或许更糟。"因此，问题在于是什么比"没有"更糟。这很有意思，因为从一开始拉康总是试图消除现实中的想象的形象和表现。从某种程度上讲，当强行将一位偶像安置在一个"空"的位置，即一个根本性的"不－是"的位置上时，更糟的情况就会发生。我也很欣赏拉康最早期的几次讨论班，这基于理论的和文体的原因——他表现出了一种在之后会被完美地打破的宁静。然而，在第一个讨论班《弗洛伊德的技术文集》中，他提出了一个引人注目的问题：治疗难道不应该像老派作风那样以展示正义和勇气而告终吗？这似乎是拉康赋予精神分析以及每一智力努力的使命的开始和缩影：最初的裂口永远不应该被一个圣像所填补；初始的深渊永远不应该被一个想象的创造物所堵住。拉康以他一贯的不容置辩的方式说过：哲学只是堵上了政治的洞，除此之外什么都没干。①这对哲学家们来说可不太亲切。但我

---

① 雅克·拉康：《拉康文集》的德语版引论，见 *Scilicet* 第五期，色伊出版社，巴黎，1975年，第11-17页。拉康在文中提到的是"形而上学"而非"哲学"。——译者

完全明白他的意思。总的来说，在思想上挖个新的洞比用羽绒填料堵住另一个洞要好。而如今，所谓的人权道德以及回归康德的口号正是这种羽绒填料。如果被奇怪地称为"新哲学"的东西真的是哲学的话——坦率地讲，我对此非常怀疑——那么拉康的表述就完全合理了。这正是学派里所谓的哲学家们，他们花大力气要堵住政治的洞。

　　伊丽莎白·鲁迪内斯科：这一表述证实了他通常表现出的对哲学和政治的暴力。《……或许更糟》确实是个奇怪的讨论班，因为拉康在其中谈到了贱斥、壹、性关系的不可能性，同时玩着语言游戏："或许更糟"也可以写成"叹息"。[①]其中有个章节提到了爱的公式："我请求你拒绝我给你的东西，因为这不是它。"[②]这与著名的"爱是把你没有的东西给不想要

---

　　① 法语的ou pire（也许更糟）与s'...oupir（叹息）同音异义。——译者

　　② 雅克·拉康：《转移》（1960-1961），色伊出版社，巴黎，1991年，第150页。雅克·拉康："为关于女性性欲大会所做的指导性发言"（1958），见《拉康文集Ⅱ》，色伊出版社，巴黎，1966年，第213页。——译者

它的人"相呼应。换句话说，拉康在此通过颠覆符号的序列来开始新的逻辑建构以便更加地接近实在。当然，正如阿兰所说的那样，在他那里有一种很强烈的观念，就是要让一个无法被填补的裂口显现出来。而这发生在他自己成为了其学生偶像的时候。他为了向最坏的方向发展而打破了自己所建立的东西，试图表明现代人，即科学的人类，能够向最坏的方向发展，因为两个主体之间的关系是不可能的。相对于符号，拉康安置实在；相对于欲望，安置享乐；相对于所有趋于融合的联系，安置关系的不可能性：人们给予的是自己所没有的东西以及别人不想要的东西，等等。因此，存在就其自身而言是一场悲剧。

在拉康晚年这种可怕的悲观主义里，有某种东西唤起了20世纪最糟糕的历史：奥斯维辛的断裂。拉康在欧洲犹太人的灭绝中实实在在地看到了"最糟糕"的东西。他从死亡冲动的破坏性的角度对此进行了解释。但他并未重拾以下论点，即认为这个事件对哲学来说标志着一个不可设想的中断。他也不认为这是种无法解释的非人类的恐惧。相反，由于重读了晚期的

76

弗洛伊德，他断言，只有精神分析能有助于思考这一事件。他甚至曾两次将大规模灭绝的能指用作研究无意识的新方法的基础要素。第一次是在1964年，正值巴黎弗洛伊德学派成立之际，他在关于《精神分析的四个基本概念》的讨论班上提到"大屠杀"，并提议面对精神分析界的僵化而将学派作为弗洛伊德思想革新的据点的时候。第二次是在1967年，他在"1967年10月9日给学派精神分析家们的建议"（初版）中为培养精神分析家而提出"通过"制度的时候。当时，他认为IPA是受纳粹迫害的分析家的庇护所，但这只是为了立即补充说，它很快变成了一个隔离开来的帝国。他声称面对野蛮的新世界——科学化的世界以及被大众社会规范化的主体世界——我们必须复活弗洛伊德的普遍性价值。

　　让我们回顾一下死亡冲动概念在精神分析运动史上所引发的激烈争论，这些争论发生在诋毁者（主要是美国人）和它的支持者（欧洲人）之间。弗洛伊德于1920年在《超越快乐原则》中以假设的形式引入了此概念，这是个令人震惊的思辨的文本，它与当时在欧洲肆虐的棕色瘟疫一起，将弗洛伊德引至某种悲观主义中。渐渐地，"昨日的世界"[①]，即弗洛伊德所在的旧欧洲变得黯淡了。在《摩西与一神教》（1939年）中——它是留给后世的真正遗嘱——弗洛伊德开始探寻恶的本质，并以一个令人惊愕的假设断言犹太性是在无意识中传递的，所以它是永不沉没的，甚至超越了犹太教。因此，他认为永远不可能消除反犹主义，这是必然的结果，甚至在犹太人的自我仇恨当中。

多么大胆啊！某些精神分析家为后期的弗洛伊德所困扰，因此倾向于回到他更加临床的著作中，这是可以理解的。但是弗洛伊德在当今却得到了哲学家、人类学家以及历史学家的密切关注。他是拉康的逻辑模型，而拉康通过RSI[②]也向现代社会提出了一个思辨的挑战。在拉康的最后阶段，实在得到了确认和解放：它是不可言说、不可命名的，是疯狂。认真对待这次

---

① 斯蒂芬·茨威格：《昨日的世界：一个欧洲人的回忆》，1942年在作者死后出版。——译者
② RSI：指"实在、符号、想象"。RSI也是拉康第二十二个讨论班（1974-1975）的名字。——译者

颠覆，这显示出拉康正走向他自身以及学派的解体。最后的拉康既不相信进步、变化，也不相信革命。这位科学人士和奢华的理性主义者，多年之后变成了一个深信不疑的怀疑论者。他的遗产更加难以判定……

阿兰·巴迪欧：也许在他身上还有某种隐藏的浪漫主义，这在每个年老的古典人物那里都会有所显露。

伊丽莎白·鲁迪内斯科：的确。此外，这就是为什么我将最后的拉康比作巴尔塔扎尔·克拉埃这位巴尔扎克笔下的人物的原因，此人为了自己对炼金术的热情而牺牲掉了一切，而他在弥留之际得到的是一个无法传递给科学的启示。拉康结束了此生却无法为折磨着他的问题找到答案："我很固执，我消失了"，拉康说，直到消失数月之后他都始终对自己保持清醒。但这不是一份遗嘱。与弗洛伊德相反，拉康没有留下任何遗产。他解开了自己通过编织绳结和线头所建立起来的东西。这就是为什么比起弗洛伊德的遗产，拉康的遗产更加处于危险中：最初的拉康圈子里的精神分析家并没有得到任何遗产，他们得到的是解散，……此外，他们从未停止过宣称"解散的工作"，似乎这是一个重要的概念。人们有这样一种印象，即应该在精神分析领域之外重新考虑并讨论拉康的作品：这是让它活下去的唯一方式。

克里斯汀·戈艾梅：最后，我想要知道，在您看来，在多大程度上拉康是一位对理解我们时代有所帮助的思想家？

阿兰·巴迪欧：拉康依旧是位具有决定意义的大师，原因如下，而且这是最重要的：现代社会被不确定性、迷失方向、持久性危机的威胁所困扰。而拉康是位思考无序的伟大思想家。更一般地来讲，精神分析甚至可以被定义为对主体无序性的有序化思考。在这点上，它实际与马克思主义是相似的，马克思主义的目标也是让一种集体性的存在成为可以理解的，这一存在建立在暴力的无政府状态以及构成整个资本主义无序化的难以平息的、贪婪的冲突之上。如果我们想想当前的危机，拉康就仍然是必要的，因为他试图在无序本身当中去重新抓住一个内在的秩序，一个指向符号界的参照框架。如果从拉康思想出发进行推断，我们将可以说现代社会的危机是一场符号（体系）的危机。由此，拉康的范畴就可以被重新用来理解整个一系列的现象：沿袭的等级制度的没落，金钱的无所不在，所有事物不断快速的、徒劳的循环周转，等等。

与此同时，不在欲望上让步的伦理任务仍然具有强烈的现实性。事实上，在危机的情况之下，人们会感到被一种混乱的直接性所卷裹或控制。如果想要去抵抗这种动荡的话，就抵抗一词的强意义上讲，就必须有坚定的意志，不让自己被淹没，不盲目陷于这种失控——这恰好正是在欲望上不让步。

因此，拉康对当今的贡献从根本上来说是双重的：一方面，他让一种透彻的结构性理解成为可能，将危机理解为一种符号的危机或符号体系的危机；另一方面，他肯定了欲望主体的不可简约性。

伊丽莎白·鲁迪内斯科：正如阿兰刚才所说，我从拉康那里看到了颠覆当今资本主义体系的一种武器：现在的金融资本主义是不人性化的，缺乏民众和主体的，处在易失控状态下的。受拉康的启发去反对这种疯狂，将会是在秩序中播撒无序。阅读"康德与萨德"（1963）这个作为历史转折点的范式性的文本，是对此的证明。将绝对命令与享乐的命令相联系是为了表明这是同一问题的两个方面，以便人们从理智上表达对当代社会的两个方面，即科学主义与蒙昧主义的愤慨。

在英语世界里，像斯拉沃热·齐泽克或朱迪斯·巴特勒这样的哲学家声称拉康几乎就是"女性主义者"或反资本主义者。在法国，不少精神分析家——幸好不是所有的——倾向于将拉康封闭在文字游戏和重复的行话当中，他们是坐在扶手椅上、从自己的临床案例出发来观察世界的：在某种意义上，他们讲述着十分"拉康式"的个案，而这通常只是在做表面文章。此外，他们使拉康成为厚古价值观的先驱。由此，他们将"父姓"树立作既定的口号，将之视为"符号规则"的化身来保护社会免遭"坏母亲"扩散的威胁，这些母亲被指责与她们的孩子融合，而完全不尊重"俄狄浦斯情结"。他们抨击现代社会，同时声称保持政治"中立"。不是右派，不是左派，也不是中间派。

因此，他们谴责的不是科学主义，而是科学——比如，医疗辅助生殖——甚至同性恋夫妇，单亲母亲，自闭症孩子的母亲，等等，他们被认为过于"融合"了。为什么不去想象在将来，精神分析家会以"孩子的利益"和维持兄弟间必要平衡的名义去批判离婚或通奸呢？尽管如此，这种试图将拉康——一位巴洛克式的、放荡不羁的思想家，一个开明的保守主义者——转变成一位有点平庸的、带着石祖棒的道德主教的做法，仍是很奇怪的。这不是我的拉康。我认为在法国需要一场革命来改变对拉康的这种看法。简言之，反对倒退式的拉康，支持颠覆性的拉康！

克里斯汀·戈艾梅：非常感谢这些分析和立场。观众中有愿意发言、评论，或向阿兰·巴迪欧和伊丽莎白·鲁迪内斯科提问的吗？

观众：我想要知道在您看来拉康在存在的问题上所做的贡献。如今，它如何能帮助我们去理解具体的存在，以及从更一般的意义上来讲，理解生活的意义？毫无疑问，拉康的概念是颠覆性的。但为了能更好地理解，就需要进入到他的系统和他的自我封闭的语言当中。也许由于这种封闭性，他的教学从存在的角度上来看并没有任何用处。

阿兰·巴迪欧：我对您的问题的疑问在于您究竟是如何理解存在的。在这个讨论过程中，我们探讨了拉康那里符号的秩序与主体的不可简约性原则之间的张力。而当提到这种张力时，我们难道不是在讨论存在本身吗？此外，我完全不赞同您的观点：拉康的语言绝对不是自我封闭的。恰恰相反，它是被"洞"开的，布满了消失点和消失线的。这种语言就好像一座迷宫，它本身包含着出口和逃离自身的各种可能性。就我而言，我从来没有在阅读拉康的时候感觉到他将我关在其中。就他的系统而言，则更不用说了。他的思想是由多层次、多层面构成的，而对此所进行的组织方式却不是系统性的。他让既复杂又独特的整个系列概念运转起来，变得可操作——这是拉康的用处——它们有时是分散的，有时是相互联系的。读者可以逐个地理解这些概念，也可以将它们联系在一起；还可以自由地从一个层面到另一个层面。拉康允许以最大的自由度来使用他所发明的东西。伊丽莎白和我考虑过我们以哪些方式来利用他的教学。拉康对"是"（être）、主体、"存在着什么"（ce qu'il y a）的理解对于我们是有用的。然而，我看不出"存在着什么"的思想与存在（existence）之间的区别。[①]从根本上说，您的问题的哲学背景是思想（在您看来拉康思想是封闭的）与存在之间存在着对立。而这种对立在我看来完全是虚假的。

观众：拉康推动弗洛伊德的精神分析向前发展了。您认为自从他死后，法国的精神分析仍在进步吗？它是否现代化了自己呢，在现代化一词的好的意

---

① "存在"（existence）或"存在着什么"（ce qu'il y a）和"是"（être）在拉康那里是有区别地被使用的："存在"（existence）或"存在着什么"（ce qu'il y a）是在实在的意义上进行讨论，它们与能指"壹"（Un）的逻辑操作有关，正如拉康说"大他者是不存在的"（l'Autre n'existe pas）即是在说"壹是存在的"（Yad'lun）。但这并不意味着大他者不能"是"（être），因为后者登录在语言的符号秩序当中。参见：雅克·拉康：《继续》（1972-1973），色伊出版社，巴黎，1975年，第128页。或：雅克·阿兰-米勒2011年关于"是与壹"的讨论班（未出版），2011年3月16日课。——译者

义上说？

　　伊丽莎白·鲁迪内斯科：我认为法国精神分析运动的现状见证了法国例外的终结。拉康体现了这一例外，当今的精神分析家，不只是拉康派，都处在一个困难的境况当中：对一位大师形象的哀悼。精神分析的实践已今非昔比：它成为了一门被规章以及约束性的培训所规范的职业。如果想要在机构里作为精神分析家工作的话，就必须获得心理学的文凭。而精神科医生也不再倾向于精神分析，因为精神病学现在聚焦于生物学，并且被化学疗法所主导。

　　精神分析的法国学派，不论其中各自的倾向如何，都已被归属于同一阵营，他们在全球层面上再也给不出什么特别的东西。它经历着内部的斗争，但没有独特之处。相反，在莫斯科，它扩展出数十个精神分析的团体。在布宜诺斯艾利斯，也有许多团体。在巴西，它是在大学里教授的，占据心理学的位置。此外，还有四个联合了数十个协会的大型国际协会。但如今，所有这些具影响力的社团所缺少的是一个灵魂，是一种智力和政治上的投入，一种激情。简言之，这些协会缺乏创造力、冒险精神和思想。

通过成为心理工作者，精神分析家已不再是知识分子：他们变成了心理治疗师，处理精神痛苦的合格的医生。悲剧在于精神分析不像人类学、历史学、文学或哲学那样被认为是一门独立的学科。并且它也不是一门科学——在生物学或物理学的意义上讲——它在某种程度上已经成为心理学的一个分支。因此，所有一切都发生了，就好像它是创始人的继承者们自己的私家学科一样：弗洛伊德派认为弗洛伊德的作品属于他们，克莱因派认为梅兰妮·克莱因的作品是他们的，而拉康派认为自己掌握着真理和大师的话语。换句话说，精神分析在公共领域和大学里并未获得自己的身份。其它学科的情况并非如此，因为它们不是或不再是其创始人的所有物。社会学既不属于爱米尔·涂尔干，也不属于他的后继者。它已经世俗化了。

精神分析家难道注定要成为心理学家，灵魂技师或心理治疗师吗？也就是完全脱离学术研究的单纯的临床医生？在精神病学日趋回归神经学的情况下，他们将会取代精神科医生吗？

很明显，我们可以从拉康这位无序的思考者那里找到方法，去批判精神分析运动的这种演变以及精神分析家这种"职业"。对精神分析思想的再赋值不能只通过临床医生来实现，还需要通过其临床之外的工作实现。而当临床医生为了在医疗机构中从业，不得不获得心理学的文凭，并在精神分析学派里受训成为分析家的同时，他们如何接受高水平的创造性研究的培训？

阿兰·巴迪欧：接着刚才伊丽莎白所说的，我想以呼吁结束讨论——说到底，为什么不呢？最近在法国，我们看到大量对精神分析的非常暴力的和愚蠢的攻击。这些攻击代表着对理智的普遍威胁。我们知道，精神分析并不是唯一的目标。马克思是被激烈攻击的对象，因为在我们伦理学家的眼中，他向"极权主义"的不人道做出了妥协。达尔文一直受到美国反动者的诬蔑。同样也有质疑始终徘徊在爱因斯坦的发现周围。所有这些攻击都试图——不管这种野心是暗含的还是明确的——去摧毁现代理智的形象，代之以

使用起来快捷方便的技术副产品，并用普适性的道德
酱料加以调味。我认为应该站起来反对这种贬低和驯
化思想的意图，不管是政治的、科学的还是精神分析
的思想。危险是真实存在的，并且极其严重。套用克
莱蒙梭有名的表达，我们不能将捍卫精神分析的任务
只交给精神分析家。抗争必须扩大。

　　当然，在这场为了认可他们学科和实践的战斗
中，精神分析家们是站在第一线的。然而，伊丽莎白
所指出的职业化构成了一种自我驯化的威胁。我们不
应该让精神分析受这个不幸命运的支配，因此需要来
自外部的帮助。在我看来，当代对精神分析的指控
事实上比对马克思主义的指控更加严重。从根本上
讲，来自内部和外部的争论是马克思主义自身的组成
部分；矛盾与对立是其中天然的要素。马克思主义预
设并暗示着争斗！如今，精神分析发生的事要危险得
多——必须保持高度警惕。因为想根除弗洛伊德或者
拉康，即是在指责现代主体的概念本身。而如果我们
废除它，就为最糟的反动的意识形态敞开了大门。

　　这就是为何我郑重地呼吁：所有人站起来捍卫精

神分析……按照您自己的意愿做。

伊丽莎白·鲁迪内斯科：怎么能不支持这一呼吁呢？因为我曾多次见到这样的情况，精神分析家很少去捍卫自己的学科，或者捍卫得很糟，所以我就更愿意支持这一呼吁。这不是我在对他们挑刺儿，而只是我的观察。他们很难去分析并与粗浅的反弗洛伊德主义作斗争，当面对不利的情况时，他们常常是傲慢地保持着"中立"，要么梦想着会有更好的时光，要么伤感地怀念着过去："我那个时代比现在要好。"如今，对弗洛伊德的攻击跟过去一样粗鄙无礼，但通过互联网得到了更广泛的传播。反击是必要和紧迫的。是的，我们必须行动起来捍卫精神分析。而这点，我们只有通过团结精神分析家圈子之外的力量才能做到。它关乎所有人：这是一个文明的问题。

译后记

当从编辑老师处获知可以写一篇译后记时，我很高兴，因为这其实让我在译稿之外获得了另一个机会，能够去传递我希望通过这本书所传递的东西。本书虽然篇幅不长，但它带给我个人的思考是丰富的，而翻译的工作也让我能重拾过去在哲学系读书时特有的乐趣。顺带一提，译文中部分注释参考了本书的英文版本。

为什么是"传递"而不是"传达"？这并不只是一个翻译的问题——关于"transmission"一词的译法我曾与编辑老师有过讨论——而是与精神分析的传递这个行动本身的特殊性有关。

如今，不管在法国还是在其它地方，精神分析都面临着一种困境，它需要摆脱一直以来从属于心理学、医学或哲学等学科的地位，找到自身独立的发展之道。然而，它作为一种实践，其过程并不能通过传统意义上传递知识的方式，即使分析的请求最早会以围绕症状的"知识"的形式被提出。当分析的结束恰好以对这个"知识"的消解以及分析者与其自身的实在相遇而获得一种新的"知识"为特征时，在我看来，精神分析中主体超越性的创造本身就是这一实践能够发展下去的重要的内在动力，它代表着一个切断、一种绝对的相异性。

尽管如此，精神分析又不只是一种实践。从弗洛伊德开始，它与其它学科和领域之间的对话就从未停止过。在本书中主要涉及的双重视角，即历史的和哲学的视角让我们的讨论不只局限于作为"疗法"的精神分析，并且作为一种思考存在的方法，它包含着通过引入"他者"来打破自身封闭性的思路。绝对的独特性是不存在的。需要指出的是，这本身也回应了拉康对"治愈"问题的重新安置：它不再立足于消除与精神痛苦相关的症状，而是恢复处在自身僵局当中的主体的符号化的能力。

译后记

正如两位作者在本书末尾所呼吁的那样，精神分析的传递需要他者，而这首先要求分析家们离开自己的椅子。

蔡婷婷

2021年8月，北京

图书在版编目（CIP）数据

雅克·拉康，过去与现在：对话集 /（法）阿兰·巴迪欧，（法）伊丽莎白·鲁迪内斯科著；蔡婷婷译 . —北京：商务印书馆，2023
ISBN 978-7-100-20877-2

Ⅰ. ①雅… Ⅱ. ①阿… ②伊… ③蔡… Ⅲ. ①现代哲学—法国 Ⅳ. ① B565.59

中国版本图书馆 CIP 数据核字（2022）第 044015 号

雅克·拉康，过去与现在
对话集

〔法〕 阿兰·巴迪欧
伊丽莎白·鲁迪内斯科 著
蔡婷婷 译

商 务 印 书 馆 出 版
（北京王府井大街 36 号 邮政编码 100710）
商 务 印 书 馆 发 行
北京艺辉伊航图文有限公司印刷
ISBN 978 - 7 - 100 - 20877 - 2

2023 年 5 月第 1 版　　　　开本 787×1092　1/32
2023 年 5 月北京第 1 次印刷　　印张 3¹/₈
　　　　　　定价：28.00 元